성령이 임하시면

모든 인간은 하나님의 형상을 닮은 존엄한 존재입니다. 전 세계의 모든 사람들은 인종, 민족, 피부색, 문화, 언어에 관계없이 존귀합니다. 예영커뮤니케이션은 이러한 정신에 근거해 모든 인간이 존귀한 삶을 사는 데 필요한 지식과 문화를 예수 그리스도의 사랑으로 보급함으로써 우리가 속한 사회에 기여하고자 합니다.

Copyright © Evangelical Sisterhood of Mary, Darmstadt, Germany
English title: Ruled by the Spirit
Original title: Wo der Geist weht
First German edition: 1967
Revised and expanded English-language edition 2011
All rights reserved.

성령이 임하시면

초판 1쇄 찍은 날 · 2012년 5월 25일 | 초판 1쇄 펴낸 날 · 2012년 6월 1일
지은이 · 바실레아 슐링크 | 옮긴이 · 최의진 | 펴낸이 · 김승태
등록번호 · 제2-1349호(1992. 3. 31) | 펴낸 곳 · 예영커뮤니케이션
주소 · (136-825) 서울시 성북구 성북1동 179-56 | 홈페이지 www.jeyoung.com
출판사업부 · T. (02)766-8931 F. (02)766-8934 e-mail: edit1@jeyoung.com
출판유통사업부 · T. (02)766-7912 F. (02)766-8934 e-mail: sales@jeyoung.com

ISBN 978-89-8350-800-3 (04230)
ISBN 978-89-8350-801-0 (세트)

Korean Copyright © 2012 예영커뮤니케이션

값 10,000원

* 잘못 만들어진 책은 교환해 드립니다.
* 본 저작물은 저작권법에 의하여 한국 내에서 보호를 받는 저작물이므로 무단 전재와 무단 복제를 금합니다.

성령이 임하시면

바실리아 슐링크 지음

최의진 옮김

예영커뮤니케이션

기독교마리아자매회 국제지부

독 일: Evangelical Sisterhood of Mary, P.O.B. 13 01 29, 64241 Darmstadt, Germany
미 국: Evangelical Sisterhood of Mary, P.O.B. 30022, Phoenix, AZ 85046-0022, USA
영 국: Evangelical Sisterhood of Mary, Radlett, Herts, WD7 8DE, UK
오스트레일리아: Evangelical Sisterhood of Mary, P.O.B. 430, Camden NSW 2570, Australia
캐나다: Evangelical Sisterhood of Mary, B.R.1, Millet, Alberta, TOC 1z0, Canada
www.kanaan.org

서문

우리가 살고 있는 세계에서 기독교인으로 살아가는 것이 항상 환영받거나 안전한 것은 아닙니다. 우리에게 성령과 그의 은사가 필요한 때가 있다면, 바로 지금입니다. 1976년에 초판이 출판된 『성령이 임하시면』(Ruled by the Spirit)은 어떤 면에서 당시 화제였던 인도네시아의 부흥으로 시작된 역사적인 문서라고 할 수 있습니다. 그러나 부흥의 핵심으로서 회개를 강조하는 것은 오늘날 신자들에게 거센 도전을 직면하는 메시지가 됩니다.

제 2차 세계대전의 잔해 위에 세워진 공동체로서 하나님의 거룩하심과의 만남이 어떻게 우리를 주의 축복을 받을 만한 깨어진 영혼이 되게 했는지 보여 줍니다. 우리 자매회의 첫 번째 자매님들은 이런 이야기를 나누었습니다.

2차 대전이 막바지에 다다를 즈음, 공습을 통해 불이 떨어졌고, 그 불은 우리 고향인 다름슈타트를 거의 초토화시켰습니다. 타오르는 불길을 뚫고 목숨을 건지기 위해 달아날 것인지, 공습대피소로 피할 것인지 그 와중 속에 우리는 스스로에게 물었습니다.

'만약 내가 지금 죽는다면 하나님께서 나에게 어떤 판결을 내리실까?'

몇몇 사람들은 마음속에서 다니엘서의 말씀을 들었다고 했습니다.

"… 저울에 달아 보니 부족함이 보였다 함이요."(단 5:27)

우리의 한 가지 소망은 우리 죄를 고백하고 먼저 하나님과 다음에는 다른 사람들과 바른 관계를 맺는 것이었습니다.

다섯 달 뒤, 부흥이 일어났을 때, 하늘에서 불길이 떨어졌습니다. 그 파괴의 밤에 불붙는 자기성찰의 불길은 성령님께서 우리를 더 깊이 감찰하시면서 더욱 불붙었습니다. 나중에 우리 자매회의 설립자가 된 마더 바실레아(M. Basilea)와 마더 마튜리아(M. Martyria)의 지도 아래, 우리는 깊이 회개하기 시작했습니다. 심판에 대한 경고만 듣고도 회개했던 니느웨와 달리(욘 3:10), 하나님께서는 우리 도시의 재앙을 면하게 하실 수 없으셨습니다. 도시들이 줄지어 폭격으로 파괴되며 이 나라를 향한 하나님의 심판이 가까이 왔는데도, 우리는 그 사인을 무시해버렸습니다. 우리 개인의 삶과 관심사에만 빠져 있어서, 주변에 죽어가는 수천만 명의 사람들을 향한 기독교인의 책임을 다하지 못했던 것입니다. 우리는 참회의 눈물을 흘렸고, 처음으로 기도가 자연스럽게 흘러나왔습니다.

사순절 수양회 동안 그 불은 우리 마음을 예수님과의 첫사랑으로 타오르게 했습니다. 이사야 53장에 나타난 예수님 홀로 남겨진 모습이 떠올랐습니다.

'내가 너무 외롭구나. 누가 이 십자가의 길을 함께 가겠느냐?'

예수님께서는 변함없는 헌신을 요구하시며 우리 마음 문을 두드리고 계셨습니다.

"내 삶을 주님께 드리오니 받아주옵소서."

이것이 우리의 응답이었습니다. 우리는 기쁜 마음

으로 젊은 시절의 꿈과 야망을 주님의 제단 위에 내려놓았습니다. 이제 우리가 원하는 것은 오직 주님 한 분이었습니다. 그 후 몇 달 동안 우리는 성령의 은사를 풍성히 받았고, 매일 만나 기도하고 예배하며 모든 물건을 서로 통용했던 초대 그리스도인들처럼 살고자 하는 열망이 더욱 커져 갔습니다. 그렇게 하여 1947년, 심판 아래 놓여 잿더미로 변한 나라에서, 주님의 사랑의 복음을 다른 사람들에게 전하며 주님을 섬기는 단체로 부르심을 받아 우리 자매회가 탄생하게 되었습니다.

불은 예배당을 짓고 후에 엄청난 역경에 맞서 약속의 땅 '가나안'을 정복하여 하나님을 영화롭게 하고자 하는 우리의 믿음을 불타오르게 했습니다.

불은 먼저 하나님의 택한 백성인 이스라엘에 대한 사랑을, 그리고 나아가 세계열방을 향한 사랑을 불타오르게 했습니다. 하나님께서는 우리에게 독일군 점령과 나치 학살 아래 고통 받은 유태인들과 다른 나라들에 대한 독일의 국가적인 죄악을 깨닫게 하셨습니다. 회개의 표시로 나치 대학살의 생존자들을 위한 '제 2의 고향'(home-away-from-home) 행사가 예수살렘에서 열렸습니다.

불은 우리에게 긴박감에 넘치게 했습니다. 예수님은 다시 오십니다. 그의 신부들은 어린양의 혼인 잔치를 위해 준비가 되어 있는가? 오직 성령의 불로써만 모든 불순물을 제거하여 주님을 위한 점도 흠도 없는 신부로 준비시키실 수 있습니다.

하늘에서 내린 불은 후대 역사에 남을 것입니다. 예수님을 향한 사랑과 회개, 화해와 믿음의 4중 메시지를 전파하기 위해 다양한 언어로 풍부한 인쇄물과 여러 자료가 만들어졌습니다. 이것이 가나안을 향한 마더 바실레아의 비전이었습니다. 이 비전을 발전시키기 위해 세계 여러 곳에 지부들이 설립되었습니다. 이 땅을 구원하고, 고치고, 회복시키시기 위해 성령의 불로써 민족적 문화적 장벽을 파하신 성령님을 찬양합시다! 성령의 불이 자신의 삶과 사역과 그들 주변을 어루만지시길 갈망하는 모든 사람들에게 이 책이 격려가 되길 바랍니다. 예수께서 친히 하신 말씀과 같이, "내가 불을 땅에 던지러 왔노니 이 불이 이미 붙었으면 내가 무엇을 원하리요."(눅 12:49)

기독교마리아자매회
2011년 1월, 다름슈타트에서

차례

서문　5

1. 성령의 바람　13
2. 약속된 성령이 오심　23
3. 세상을 뒤엎다　33
4. 모든 은사에 부족함이 없게 하라　53
　　지혜와 지식의 은사
　　예언의 은사(계시와 예언)
　　믿음의 은사
　　기적(능력) 행함의 은사
　　병 고치는 은사
　　가르침의 은사
　　영분별의 은사
　　권위(勸慰), 격려와 목양의 은사
　　구제와 봉사의 은사
　　다스리는 은사

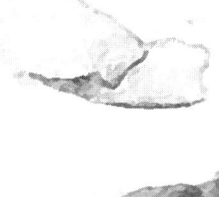
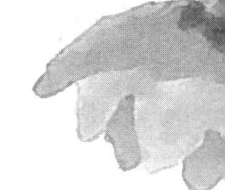

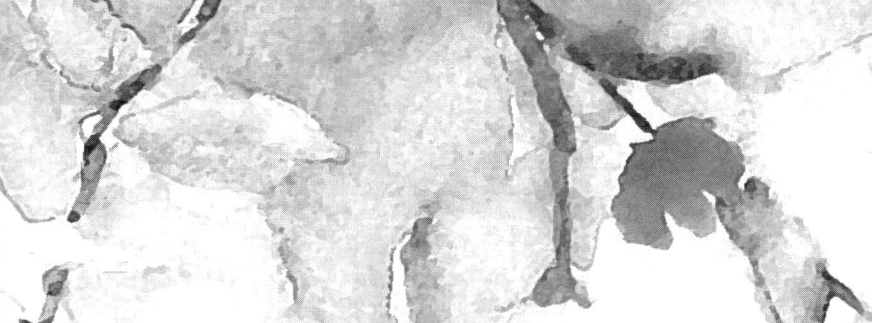

방언의 은사

5. 영적 은사 – 부담과 축복　101
6. 성령의 권능을 받은 자들의 비밀　111
7. 성령과 교회 역사　127
8. 간증　159
　　물러서지 않으리 ❈ 아니타 자매
　　회전 무대 ❈ 로렌시아 자매
　　예배 ❈ 베아테 자매
　　광야를 돌아서 ❈ 아나스타샤 자매
　　은사(Charisma)-선물 ❈ 미리아 자매
　　조언자이자 위로자이신 성령님 ❈ 오일랄리아 자매
　　흑암을 밝히신 주님 ❈ 살로메 자매
　　말기 환자 간병실에서 ❈ 고르디아 자매
　　자유 ❈ 마리아자매회의 한 자매
　　'나는 눈이 아니야' ❈ 스테파나 자매

고침을 받다! ✼ 세실리야 자매

꿈을 통해 보여 주시다 ✼ 기디오나 자매

요리의 은사 ✼ 미하엘라 자매

반지 ✼ 마리아자매회의 한 자매

학기말 리포트 ✼ 아가페 자매

하나님의 음성 듣기 ✼ 패트리샤 자매

비밀의 발견 ✼ 네카마 자매

부활절의 기쁨 ✼ 마리아자매회의 한 자매

성령께서 멈추셨습니다! ✼ 마리아자매회의 자매들

주   211

1
성령의 바람

"하나님이 말씀하시기를
말세에 내가 내 영을 모든 육체에 부어 주리니"
(행 2:17)

1965년 가을, 인도네시아의 영적 부흥이 일어난 후에 엄청난 소식들이 들리기 시작했습니다. 전례 없는 성령의 역사가 일어나 수천 명의 사람들이 예수님 안에서 산 믿음을 갖게 되었습니다. 한 교회의 보고에 따르면, 12개월 동안 4만 명의 비기독교인들과 명목상 기독교인이었던 사람들이 예수님을 영접하게 되었다고 합니다. 50년 동안 교회와 정부가 음주와 술객, 우상숭배를 상대로 승산 없는 싸움을 계속해 왔던 마귀의 근거지로 알려진 서티모르의 한 지역에서는 거의 만 명에 가까운 사람들이 주물들을 박멸하고 주술행위를 그만두었습니다.

목격자들은 이런 놀라운 변화가 사탄의 영향력을

무너뜨리는 성령의 능력으로 일어난 것이라고 말했습니다. 하나님의 성령이 개개인의 삶 속에서 역사하고 계셨습니다. 한 번은 오랫동안 교회를 떠났던 한 기독교인이 환상을 본 뒤 철저히 회개하며 예수님께 돌아오는 일이 있었습니다. 그녀는 이러한 영적 경험을 한 뒤에, 사탄에 붙잡힌 다른 영혼들에 대한 부담감을 느꼈고, 그들이 영적으로 해방되기를 간절히 기도하게 되었습니다. 이 평범한 여성이 첫 번째 전도 팀을 세우는 데 중요한 역할을 했습니다. 또 어느 젊은 남자교인은 이따금씩 눈이 보이지 않고 다리를 저는 질병으로 고통 받고 있었는데, 부적을 지니고 있었던 죄를 고백하자 병이 치유되는 것을 경험했습니다. 그는 성령님께서 주시는 거룩한 부담감을 느껴, 하나님께서 육체의 고통을 통해 어떻게 자신의 죄악을 깨닫게 하셨는지 전 교인들 앞에서 나누었습니다. 그의 간증을 들은 다른 사람들도 자신들의 죄를 깨닫게 되었고 깊이 회개하는 성령님의 역사를 체험하게 되었습니다. 이와 비슷한 이야기들을 많이 들을 수 있었습니다.

　　성령께서 역사하신 결과, 죄가 심각하게 다루어졌습니다. 성령의 불을 받은 사람들은 예수님을 증거하고 많은 사람들을 예수님께로 이끌고자 하는 열정으로 가득 찼습니다. 곧 전도 팀이 이 동네 저 동네를 다니며 복음을 전하기 시작했고, 2년도 채 되지 않아 150여 개의 전도 팀이 생겨났습니다. 거의 천여 명의 사람들이 예수님을 전하는 일에 동참하였습니다. 그런데 진짜 '기적'은, 데트마르 쇼이네만(Detmar Scheunemann) 선교사의 말을 인용하자면, "그토록 평범하고 무지했던 사람들이 성령님의 도우심으로 강력한 말씀 사역자가 되었다"는 것입니다. 또 다른 인도네시아 선교사 데이비드 R. 브로엄(David R. Brougham)은 '마음이 준비된 자들에게 복음을 전할 수 있도록 성령께서 그들에게 힘을 주셨습니다.'라고 말했습니다. 이토록 복음에 문외한이었던 사람들이 잃어버린 영혼을 구원해야 한다는 사랑의 마음으로 불타올랐고, 엄청난 기사와 이적을 행하며 강력하게 복음을 전할 수 있게 되었습니다. 이것은 성령님의 전권적인 사역이었습니다.[주1]

중보기도는 항상 이 전도 팀들 배후의 원동력이었습니다. 성령께서 그들에게 잃어버린 영혼에 대한 마음을 품게 하셨고, 그들은 죄악의 사슬이 끊어질 때까지 기도를 쉴 수 없었습니다. 사도들이 살았던 시대처럼, 파멸 직전에 있던 사람들이 구원받았고, 권능을 받아 변화되었습니다. 이 모든 것이 성령의 역사로 가능했습니다. 오늘날까지도 삶을 변화시키고 기도와 희생과 사랑으로 다른 사람들을 섬길 수 있도록 묶인 자를 자유롭게 하시는 분은 바로 성령이십니다.

중보기도의 힘은 오래 전부터 입증되어 왔습니다. 출애굽기 32장을 보면, 노골적으로 우상숭배하며 이교도들의 잔치를 함께 즐기는 한 나라가 점점 하나님으로부터 멀어져 갑니다. 하나님께서 선택하신 제사장 아론은 백성들의 압력에 못 이겨 그들의 요구에 굴복하고 맙니다. 황금송아지가 그 결과입니다. 무법과 음란함이 만연합니다. 하나님의 진노가 불타오르며, 이 백성은 몰살당할 위기에 처합니다. 하나님께서는 죄를 단호히 처벌하십니다. '죄는 백성을 욕되게 하기' 때문입니다(잠 14:34). 죄의 부르짖음이 하늘까지 닿으면, 심판이 뒤따릅니다.

그러나 하나님께서 황금송아지 상 앞에서 춤춘 것으로 인해 사람들을 멸하실 것이라 선포하셨을 때, 한 중보자의 헌신적인 사랑이 하나님의 손을 멈추게 합니다. 그 민족은 벌을 받긴 했지만 진멸되지 않았습니다. 모세가 온 민족을 대신해 하나님의 자비를 구한 제사장적 중보자입니다. 성령 충만한 자의 기도가 이스라엘의 멸망을 막았습니다. 자비로 인해 심판의 진노가 가라앉은 것입니다.

오늘날 우리가 사는 세상도 전혀 나아진 것이 없습니다. 여전히 그 '금송아지'는 열광적인 춤의 진원지입니다. 이 변절의 시대에 하나님은 시대에 뒤졌다고 잊혀진 채, 죄는 환영 받습니다. 심지어 기독교인들조차 하나님의 법을 희석시킴으로써 죄를 장려합니다. 죄에 대한 자유방임이 만연합니다. 현대 사회는 하나님의 법에 대해 무관심하거나 노골적으로 거절하는 것이 특징입니다(마 24:12). 죄가 전례 없이 미화되면서 범죄율이, 특별히 성범죄가 놀랄 만큼 증가하고 있습니다. 각종 중독과 반체제, 반문화가 급증하고 있습니다. 죄에 굴복함으로써, 세계는 노아의 홍수 이래로 가장 타락한 모습을 보이며 심판을 향해 가고 있습니다. 이번에는 불의 심판이 될 것입니다(벧후 3:10).

지구를 몇 번이고 말살할 수 있을 만큼의 핵무기를 보유한 인류는 스스로 자멸할 능력도 갖추고 있습니다. 분쟁지역에서는 계속해서 분쟁의 불꽃이 타오르고 있습니다. 반대 세력 간의 극단적인 증오가 쉽게 전 세계 차원의 전면전을 촉발시킬 수도 있습니다. 하나님을 거부하는 세상에서, 우리는 분쟁을 막기 위해 외교적인 노력에 의존할 수 없습니다. 하나님의 말씀이 그의 법을 경멸한 자들에 대한 심판을 예언하고 있기 때문입니다.

누가 하나님의 손을 멈추게 할 수 있겠습니까? 누가 심판을 연기하여 늦기 전에 멸망하는 영혼을 구원할 수 있겠습니까? 바로 모세와 같은 성품을 지닌 사람들입니다. 죄를 하나님에 대한 모욕으로 보는 사람들입니다. 죄의 파멸성과 악함과 공포를 인식하는 사람들입니다. 모세는 죄가 그의 동족들을 파멸시키는 것을 가만히 서서 방관하지 않았습니다. 모세는 죄 문제를 해결하기 위해 재빨리, 그리고 단호히 성령님의 권능 앞으로 나아갔습니다. 그 날, 하나님의 심판이 내렸을 때 이스라엘 진영에서 삼천 명의 남자들이 죽임을 당했습니다.

동시에 모세는 성령에 감동되어 하나님께서 이스라엘 백성들을 멸망에서 구원해 주시기를 간청했습니다. 그들은 몇 주 전만 해도 모세의 생명을 위협하던 사람들이었습니다(출 17:4). 바로 성령께서 그들을 사랑하는 일을 가능하게 하셨습니다. 그 사랑은 그들을 대신해서 자신을 하나님께 드린, 그들이 죄를 사함 받을 수만 있다면 생명책에서 자신의 이름을 지워달라고 요청했던 그런 사랑이었습니다.

신약에 나오는 사도 바울의 삶에서도 유사한 경우를 볼 수 있습니다. 그 또한 모세와 같이 성령으로 충만하여 영혼에 대한 열정이 가득한 사람입니다. 자기 민족의 구원을 위해서라면, 자신은 생명책에서 지워져도 좋다는 마음이었습니다(롬 9:3). 구약에서는 소수의 특별한 사람들만 영혼에 대한 성령의 열심을 지녔지만, 신약에서는 그렇지 않습니다. 예수님의 강림과 승천이래로, 모든 믿는 사람들은 교회 안에서 하나님을 섬기며 잃은 영혼들을 전도하도록 부르심을 받았습니다. 모든 믿는 자들은 성령을 약속받았습니다(행 2:39). 사도행전의 이야기는 어떻게 전 교회가 성령의 능력과 권능으로 무장되었는지를 보여 줍니다. 하나님의 나라를 확장하고 악의 속박으로부터 구원을 가져오는 놀라운 표적과 기사가 믿는 자들 사이에서 나타났습니다.

그렇다면 오늘날은 어떻습니까? 성령은 교회를 통해 일하시기를 그 어느 때보다도 간절히 바라고 계십니다. 현재 세계 상황은 신약시대보다 훨씬 더 심각합니다. 진정 그리스도의 교회가 성령의 권능을 부여받아 기도로 하나님의 팔을 움직이고 있습니까? 진정 교회 안에 죽음 가운데서 신음하는 세상의 소리를 듣고 측은히 여기는 마음이 있습니까? 교회가 악한 풍조를 막는 권능을 주시는 성령으로 충만합니까? 모세와 바울처럼 영혼 구원에 열정적인 성령과 사랑이 충만한 중보자들은 어디에 있습니까? 중대 위기에 처한 세계는 이러한 믿음의 사람들을 필요로 하고 있습니다. 그들만이 파멸을 막을 수 있는 영적 권능을 지니고 있습니다.

그러나 거의 대부분의 그리스도인들이 잠들어 있습니다. 우리는 에스겔이 환상 속에서 본 마른 뼈와 같고(겔 37장), 주님은 우리에게 그 분의 생기를 불어 넣기를 간절히 바라십니다. 이 중대한 시점에서, 우리는 성령의 부으심을 간절히 구하며 기도해야 합니다. 영적 삶은 거의 성장을 멈추었습니다. 많은 사람들이 단지 예수님과의 관계 또는 기껏해야 예수님과 성부 하나님과의 관계에만 만족하기 때문입니다. 슬프게도, 성령의 능력이 중요하게 여겨지지 않거나 성령과의 친밀함이 결여되는 경우가 많습니다. 성령이 없이는 개인과 교회의 영적인 삶이 고통을 당하게 됩니다.

믿음으로 성령과 그의 은사를 구하지 않는 것은 우리에게 큰 상실입니다. 하나님께서 우리를 위해 예비하신 충만함을 놓치는 것입니다. 19세기 부흥사 요한 크리스토프 블룸하르트(Johann Christoph Blumhart) 목사의 부르짖음을 들어보십시오. 그는 자신에게 상담하러 온 사람들의 고통에 마음이 움직여 이렇게 외쳤습니다.

"성령의 새로운 부으심을 구하고 바랍시다. … 우리 그리스도인들의 삶에서 변화를 바란다면 성령의 부으심이 필요합니다. 이렇게 비참한 상태로 계속 갈 수는 없습니다. 우리가 초대교회 그리스도인들처럼 성령의 은사와 기름 부으심을 다시 경험할 수만 있다면 얼마나 좋겠습니까! 저는 우리의 사랑하는 주님이 이를 위해 기도하기를 간절히 고대하고 계신다고 믿습니다."[주2]

우리가 처한 시대의 징조로 볼 때, 성령께서 개입하시도록 기도하는 것은 필수적입니다. 불법이 성합니다(마 24:12). 핵무기의 위협은 계시록의 환상이 실현되고 있음을 보여 줍니다. 복음이 전 세계로 전파되면서 지상명령이 거의 완성되어 가고 있습니다(마 24:14).

마지막 때의 교회는 진격해오는 사탄의 권세와 적그리스도 세력과의 전쟁을 대비하여 무장하기 위해 더 많은 성령의 능력과 축복을 받게 될 것입니다. 이것이 이 시대에 특별한 성령의 부으심이 약속된 이유입니다. "하나님이 말씀하시기를 말세에 내가 내 영을 모든 육체에 부어 주리니"(행 2:17, 욜 2:28 참조) 오순절 성령 강림을 통해 경이롭게 성취된 이 약속은 우리 시대에 궁극적으로 완성될 것입니다.

우리가 성령으로 특별히 무장하지 않는다면, 마지막 때에 걷잡을 수 없이 밀려드는 사탄의 속임수와 공격에 어떻게 맞설 수 있겠습니까? 주님의 첫 제자들은 그들을 준비시키실 성령을 기다렸습니다. 그리고 가차 없이 그들을 박해하고 반격해오는 세상에서 한 발자국도 물러서지 않았습니다. 사도행전에 기록된 하나님의 강력한 역사는 성령의 채우심이 없이는 불가능했을 것입니다. 예수님을 따르는 자들이 땅 끝까지 이르러 예수님을 선포하는 일도 불가능했을 것입니다. 오직 성령의 도우심 가운데, '성령의 임재와 능력으로' 말미암아 우리의 삶과 예배와 메시지를 통해 능력 있는 증인이 될 것입니다(고전 2:4).

2
약속된 성령이 오심

"내게서 들은 바
아버지께서 약속하신 것을 기다리라."
(행 1:4)

최후의 만찬에서 제자들은 이 어려운 세상에서 예수님 없이 어떻게 살아나갈지에 대한 걱정과 슬픔으로 가득 차 있었습니다. 주님은 그들을 안심시키셨습니다.

"내가 떠나가는 것이 너희에게 유익이라."(요 16:7)

하지만, 제자들은 어떻게 해서 주님이 떠나시는 것이 그들에게 유익한지 궁금해 했을 것이 분명합니다. 그들은 그들의 모든 것 되신 주님께 전적으로 의존하고 있었습니다. 그 상실감은 상상조차 하기 어렵습니다. 그러나 예수님께서는 "내가 너희에게 실상을 말하노니"라고 강조하시며 떠나는 것이 그들에게 유익임을 거듭 주장하셨습니다. 예수님께서 떠나신 뒤 대단히 중요한 사건이 일어나게 됩니다.

제2 신격이신 예수께서 세상을 떠나실 시간이 왔을 때, 제3 신격이신 성령님께서 대신하여 믿는 자들에게 오시게 되어 있었습니다. 예수님께서는 제자들에게 '또 다른 보혜사'(요 14:16, 요 15:26)를 보내실 것이라 약속하셨습니다. 성령님께서는 예수님의 자리에 그들의 위로자로 오십니다. 그리스어로 '보혜사'(parakletos)는 '나란히'라는 뜻의 'para'와 '불리는 자'라는 뜻의 'kletos'가 합쳐진 말입니다. 따라서 이 말은 '옆에서 돕는 자', 즉 상담자이자 조언자로서 모든 어려운 상황에서 도우시는 분이라는 뜻입니다.

그때까지만 해도 제자들은 언제든지 그들의 문제를 주님께 가져갈 수 있었습니다. 이제 그들은 도움과 조언을 받기 위해 성령님께로 향하게 되었습니다. 이것이 예수님을 배제하는 것은 아니었습니다. 성령님께서 우리를 도와주실 때 그것은 사실상 예수님이 하시는 것입니다. 왜냐하면 그분은 항상 성령님을 통해 계시기 때문입니다. 성삼위는 불가분의 일체입니다. 성령은 하나님의 영이십니다. 성령을 통해 성부께서는 그의 존재를 세상에 알리시고 스스로를 영화롭게 하십니다. 동시에 성령은 예수 그리스도의 영이십니다. 승천하신 주님은 성령을 통해 이 시대에 그의 나라를 확장하시고 우리를 그의 증인되게 하십니다. 성령은 우리가 그리스도에 대한 믿음을 갖게 하셔서, 하나님의 자녀가 되게 하십니다. 그는 우리가 '아바, 아버지'라고 고백하게 하십니다(롬 8:15).

성령께서 성부와 성자로부터 나오는 능력인 동시에 사랑의 끈이 되시어 성부, 성자, 성령이 하나 되게 하십니다. 이것이 성령의 독자적인 개별성을 빼앗는 것은 아닙니다. 성경과 교회의 신조는 성령을 성부, 성자와 함께 구별된 분명한 인격자로 정의합니다.

이것은 특히 신양성경에서 성도와 성령의 관계를 언급하는 구절에서 분명하게 나타납니다. 예를 들어, 이미 언급했듯이 성령은 우리를 권고하십니다. 하나님께서 순종하라고 요구하신 것처럼, 예수님이 자신을 따르라고 말씀하신 것처럼, 성령님께서는 그의 인도를 따르라고 요구하십니다. 그는 모든 제자들을 가르치시고, 예수님의 말씀을 생각나게 하시고(요 14:26), 모든 진리 가운데로 인도하시고(요 16:13) 죄를 책망하십니다(요 16:8). 그는 증거할 능력을 주시며(요 15:26-27), 사역을 위해 부르시고(행 13:2), 보내십니다(행 13:4). 그는 그가 보낸 자들이 당신의 뜻에 어긋나는 일을 하지 않도록 막으십니다(행 16:6-7). 하늘 아버지와 예수님을 뒤따르듯이, 성령의 인도를 받는 것은 우리의 특권입니다 (행 8:29; 10:19-20; 롬 8:14; 갈 5:18).

상담자로서 성령은 우리가 기도하도록 도우시는데(롬 8:26), 이는 우리에게 관심을 갖고 계시기 때문입니다. 삼위일체 중 제3위이신 성령은 놀라운 위엄, 영광, 거룩함을 지니신 전능하신 분이십니다. 그는 믿는 자들을 완전히 소유하셔서 그의 도구로 사용하기를 원하십니다. 그는 하나님의 선물이자 하늘로부터 온 능력이시지만, 영향력이 미미하거나 비인격적으로 조종당하는 분이 아니십니다. 성령을 선물로 받는다는 것은 우리가 성령과 그 분의 일을 통제할 수 있다는 의미가 아닙니다. 권한은 그 분에게 있지, 우리에게 있지 않습니다. 그 자신을 아낌없이 내어주시지만 여전히 완전한 자유 의지를 가지고 계십니다. '바람은 불고 싶은 대로 분다.'(요 3:8, 새번역)

성령은 하나님의 뜻과 목적을 알리십니다. 그는 고린도전서에 분명히 나타난 것처럼 전권적으로 행하십니다.

"모든 일은 같은 한 성령이 행하사 그의 뜻대로 각 사람에게 나누어 주시는 것이니라."(고전 12:11)

니케아 신조에서도 고백하듯, 이것이 우리가 성

령을 예배해야 하는 이유입니다.

'우리는 생명의 주인이시며 수여자이신, 성령을 믿습니다. 그 분은 아버지와 아들로부터 나시었고, 아버지와 아들과 더불어 예배와 영광을 받으시고, 선지자들을 통하여 말씀하셨습니다.'

우리를 인도하시고, 부르시고, 위로하시고, 무장시키시며, 권능을 주시는 분이 바로 성령이십니다. 그분께 받은 은혜는 말로 다 표현할 수 없습니다. 성령은 우리에게 예수님에 대해 알려 주시고, 말씀을 상기시키시고, 예수님의 사랑으로 우리를 감싸 주십니다. 또한 우리를 통하여 위대한 일들을 행하십니다. 우리가 그릇된 길로 가고 있을 때, 권고하시고 제지하십니다. 그 분은 매일 우리의 찬양과 경배를 받으시기에 합당하십니다. 우리를 무한하신 사랑으로 인도하시고 기도와 믿음, 섬김을 위해 준비시키시기 때문입니다.

제자들을 향한 넘치는 사랑과 관심으로 인해 예수님께서는 세상을 떠나실 때 제자들을 고아같이 버려두지 않으시고, 성령님을 보내 주셨습니다. 성령께서는 우리를 사랑과 능력으로 도우십니다. 그는 우리의 마음속에 거하셔서 우리와 항상 함께 계십니다. 또한 우리로 하여금 '성령의 교통' 안에서 연합하게 하십니다

(고후 13:13).

하나님께서 성령으로 우리에게 오신다는 것은 얼마나 놀라운 일입니까! 전통적인 성령강림절 찬양에서는 성령을 '사랑받는 손님'이라고 부릅니다. 신격의 한 분으로서 성령을 칭하는 경이로운 이름들이 있습니다. 성령은 지혜와 모략과 지식의 영이십니다(사 11:2). 그는 진리의 영이시며(요 14:7), '보혜사'로서 오시는(요 14:26) 생명의 영이십니다(롬 8:2). 성결의 영이십니다(롬 1:4). 믿음의 영이십니다(고후 4:13). 능력의 영이며(딤후 1:7), 은혜의 영으로서(히 10:29), 값없이 주시는 하나님의 풍성한 사랑을 경험하게 하십니다. 하나님 아버지와 그의 아들처럼 영광으로 가득한 영광의 영이십니다(벧전 4:14). 계시의 영이시며(엡 1:17), 사랑의 영이십니다(딤후 1:7).

성령께서는 우리를 돕는 자와 인도자로 오십니다. 우리 안에 성령의 열매를 맺게 하시고, 우리에게 필요한 은사들로 채우십니다. 성령을 받는 사람들은 행복합니다. 현명하고 사랑스러운 손님 한 분이 집안 전체의 분위기를 바꿀 수 있습니다. 기쁨과 사랑, 모략, 위로, 은혜와 생명의 영이신 그의 능력과 임재에 마음을 열 때, 성령께서 우리에게 가져오시는 변화는 그 무엇과도 비교할 수 없습니다. 성령의 임재 속에서 일어나는 강력한 변화들은 오순절 제자들의 모습에서 잘 나타납니다.

삼위일체 안에서 성령의 역할을 이해하는 것은 매우 중요합니다. 구약시대 때 이미 삼위일체이신 하나님에 대한 계시가 밝혀지기 시작했습니다. 아브라함이 그리스도의 날을 보았다고 했습니다(요 8:56). 그리스도께서는 광야에서 이스라엘 민족들과 동행하셨습니다(고전 10:4). 실제로 예수님은 때가 이르러서야 이 땅에 있는 그의 백성들에게 오셨지만, 사실상 구약성서 전체는 예수님을 가리켜 기록된 것입니다(눅 24:44, 시22; 사 53).

그렇게 이미 구약시대 때부터 하나님의 영인 성령과 함께 일하고 계십니다. 예를 들어, 성막을 지을 당시 장인들은 하나님의 영으로 충만했다고 기록되어 있습니다(출 31:3, 35:31). 시내 산에서 70인의 장로들에게 하나님의 영이 임하자 그들이 예언하였습니다(민 11:25). 다윗이 기름부음 받을 때에 '여호와 영'이 내렸으며(삼상 16:13), 선지자들도 이와 비슷한 경험을 하였습니다. 에스겔은 "여호와의 영이 내게 임하여"(겔 11:5)라고 말했습니다. 성령은 또한 예수님 시대에도 일하셨습니다. 시므온이 성령의 감동으로 성전에 들어갔습니다(눅

2:27). 성령은 예수님께도 강림하셨습니다(눅 3:22). 예수님은 성령을 힘입어 귀신들을 내어 쫓으셨습니다(마 12:28; 행 10:38). 그러나 예수님께서 승천하시기 전까지는 성령이 그의 완전한 능력으로 오신 것이 아니었습니다.

우리는 현재 예수님의 승천과 재림 사이에 있는 교회 시대에 살고 있습니다. 그리고 이는 곧 성령의 시대라고 하신 예수님의 약속이 우리에게 있습니다. 예수님께서 교회에게 성령을 약속하셨습니다. 만일 교회가 하나님을 섬김에 있어 성령 충만한 삶을 살고자 한다면, 이 약속을 굳게 잡고 성령을 받아들일 필요가 있습니다. "나는 예수님을 얻었으니 모든 걸 다 얻었어."라는 말은 틀린 말입니다. 우리가 성령의 일에 동참하지 않는다면, 예수님이 우리에게 주시고자 하는 모든 것을 받기란 불가능합니다. 하늘에 오르시어 높임을 받으신 예수님께서 그의 교회를 성령의 돌보심에 맡기셨습니다. 이 사실을 확인하고 싶다면 사도행전을 읽기만 하면 됩니다. 활발히 확장된 선교사업, 사도들이 행한 많은 기사와 표적들, 성도들 가운데 일어난 모든 일들 – 이 모두가 성령께서 하신 일이었습니다. 새로 세워진 교회는 성령의 영향력 아래 성장했습니다.

성령으로부터 받은 은사들로 인해 교회는 생명력 있는 영적 삶을 살게 됩니다.

"성령은
우리에게 예수님에 대해 알려 주시고,
말씀을 상기시키시고,
예수님의 사랑으로 우리를 감싸 주십니다.
또한 우리를 통하여 위대한 일들을 행하십니다.
우리가 그릇된 길로 가고 있을 때,
권고하시고 제지하십니다."

3
세상을 뒤엎다

"우리 복음이 너희에게 말로만 이른 것이 아니라
또한 능력과 성령과 큰 확신으로 된 것임이라."
(살전 1:5)

　　초대 교회는 예수님의 제자들이 어떻게 성령을 받았는지, 간결하면서도 인상적인 기록을 남겼습니다. 오순절 날 모두 한 자리에 모여서 성령을 기다리고 있을 때, 그들은 성령의 충만하심과 은사를 받았습니다. 하나님의 불이 강림하여 그들을 불타오르게 했습니다. 영적 권위를 가지고 인간 안에 거하시는 성령은 놀라웠습니다. 이제 그들은 성령의 능력으로 전하는 담대한 증인이었습니다. 하나님의 영원한 구원의 계획이 그들에게 분명해지면서, 그들의 말은 지혜로 가득했습니다.

　　제자들의 간증에서는, 성부와 성자와 성령이 하나인 것이 분명히 나타납니다. 예수께서 복음사역을 시작하셨을 때, 가는 곳마다 이렇게 전하셨습니다.

"회개하라 천국이 가까이 왔느니라."(마 4:17)

성령 충만한 제자들의 메시지 중심에 회개가 들어 있습니다. 베드로, 스데반과 바울, 심지어 바울이 아테네에서 이교도들에게 연설을 할 때에도, 모두 회개를 촉구하며 설교를 마쳤습니다. 성령을 받은 사람들은 모두 예수님이나 세례 요한이 외쳤던 것과 동일한 복음을 전했는데, 세례 요한은 모태에서부터 성령으로 충만한 자였습니다.

"회개하라 천국이 가까이 왔느니라."(마 3:2)

제자들은 성령의 기름 부으심을 통해, 고난당한 주님께서 그들을 구원하시기 위해 어떤 대가를 치르셨는지 더 깊이 이해하게 되었습니다. 오순절 날, 완전히 새로운 사랑이 그들 안에 불타올랐고, 그 결과 죄를 격렬히 증오하게 되었습니다. 그들은 비느하스의 열성으로(민 25장) 사람들로 하여금 아나니아와 삽비라의 경우처럼 죄를 깨닫게 만들었습니다. 그들의 권위는 죄를 책망하시는 성령으로부터 온 것이었습니다(요 16:8). 빛의 영으로서, 성령은 예수님을 영화롭게 하십니다. 죄가 빛 가운데 드러날 때마다, 예수님 구원의 사랑이 가장 밝게 빛났습니다. 이 사랑은 회개와 마음의 변화를 가져옵니다. 따라서 성령께서 예수님을 알리려고 하실 때마다 그의 증인들에게 회개를 촉구하도록 권능을 부여하십니다.

날마다 회개의 삶을 살았던 사도들은 말씀을 전할 때 죄목을 명명하며 크게 책망하라는 내적 권면을 받았습니다. 베드로는 자신의 동족에게 분명한 진실을 말했습니다.

"너희가 법 없는 자들의 손을 빌려 (예수를) 못 박아 죽였으나…"(행 2:23).

그리고 다시 말합니다.

"그런즉 이스라엘 온 집은 확실히 알지니 너희가 십자가에 못 박은 이 예수를 하나님이 주와 그리스도가 되게 하셨느니라."(행 2:36)

성령에 의해 죄에 대한 거룩한 열의로 불타오른 사도들은 심지어 산헤드린 관리와 장로들에게도 그들의 죄를 공개적으로 밝히면서 그들이 매우 증오하는 이름을 담대히 언급했습니다. "너희가 십자가에 못 박은 나사렛 예수 그리스도의 이름으로"(행 4:10).

또한 스데반은 목숨을 걸고서라도 죄를 구별해내고, 죄와 타협하지 않고 맞설 정도로 용감했습니다(행 7:51-52).

첫 증인들이 보여 준 대담무쌍한 모습은 약속된 성령이 그들에게 오셨음을 보여 주는 증거였습니다. 그들은 죄를 분명하게 보고, 그 죄에 합당한 태도를 취하도록 가르침을 받았습니다. 그들은 "형제들아 너희가 알지 못하여서 그리하였으며 너희 관리들도 그리한 줄 아노라"고 인정하면서도(행 3:17), 진리를 분명히 선포했습니다. 오순절 이후로 죄와 악에 맞서 타협하지 않는 그들의 태도는 성령의 임재를 생생히 보여 주는 것이었습니다. 성령은 교회를 훈련시키실 뿐 아니라 죄를 밝히시고 드러내시며, 단죄하시는 빛의 영으로서 그들과 만나주셨습니다.

성경에는 베드로의 설교를 듣고 군중들의 '마음이 찔렸다'고 기록되어 있습니다(행 2:37). 스데반의 설교 역시 듣는 사람들이 마음의 가책을 느끼게 했지만, 베드로와는 다른 결과를 가져왔습니다. 한 쪽은 생명으로 이끄는 진심어린 탄식과 회개가 있었지만, 다른 한쪽은 죽음으로 이끄는 반항이었습니다. 성령 충만한 제자들이 그랬듯, 사람들이 죄와 직면하게 되면 항상 어떤 반응이 뒤따릅니다. 한 서신에서 바울은 이렇게 말합니다.

"우리는 구원받는 자들에게나 망하는 자들에게나

하나님 앞에서 그리스도의 향기니 이 사람에게는 사망으로부터 사망에 이르는 냄새요 저 사람에게는 생명으로부터 생명에 이르는 냄새라."(고후 2:15-16).

이 말씀은 "형제들아, 우리가 어찌할꼬?"(행 2:37)라는 물음을 자아냈던 베드로의 설교와, 격분한 청중들이 이를 갈았던 스데반의 설교(행 7:54)의 상반된 반응을 설명해 줍니다.

회개는 바로 그 첫 단계였습니다. 사람들의 물음에, 베드로는 예수님의 이름으로 세례를 받고 그분의 몸 된 교회의 일원이 될 것을 권고했습니다. 그러나 이것이 전부가 아니었습니다. 베드로는 계속해서 말합니다.

"그리하면 성령의 선물을 받으리니"(행 2:38)

그 메시지는 틀림없이 명확했습니다. 회개와 믿음, 세례에 대한 촉구는 새 신자들이 성령을 받도록 이끌었습니다. 베드로가 선포한 것과 같이, 이 약속은 "너희와 너희 자녀와 모든 먼데 사람 곧 주 우리 하나님이 얼마든지 부르시는 자들에게 하신 것"이었습니다 (행 2:39).

이 얼마나 놀라운 성령이십니까! 그는 양심을 흔드시고, 죄를 깨닫게 하시며, 태도를 변화시키는 분이십니다. 새 신자들은 세례를 받았고, 사람들 앞에서 예수님을 그들의 주님이자 구원자로 고백하는 믿음을 보였습니다. 이 모든 것이 성령의 역사였는데, 이것이 다가 아니었습니다. 성령 자신을 그들에게 주신 것입니다. 우리가 회개하고 예수님을 믿는 것이 성령께서 하시는 일의 전부라면, 베드로는 신자들에게 그 이상의 약속을 언급하지 않았을 것입니다. 그는 심지어 그들의 자녀와 모든 '먼 데' 있는 사람들까지 포함하여 언급했습니다. 베드로는 다락방에서 일어난 일과 비슷한, 성령 충만을 받은 경험을 분명히 기억하고 있었습니다. 고넬료의 집에 있던 이방인들이 예수님을 믿고 성령의 충만함을 받았을 때, 그는 이 사건을 오순절 사건에 비유하였습니다(행 10:44-47; 11:15-17).

    사도들의 경험상, 예수님을 믿게 된 사람들은 더 나아가 성령으로 충만해졌습니다. 한 예로, 사마리아에서 많은 사람들이 하나님의 말씀을 받고 예수님의 이름으로 세례를 받았지만, 아무도 성령은 받지 못했습니다. 그 때 베드로와 요한이 가서 그들에게 안수하고 성령을 받도록 기도한 것을 볼 수 있습니다(행 8:14). 바울이 에베소에서 예수님을 믿는 세례 요한의 제자들을 만났을 때에도 비슷한 사건이 일어났습니다. 성령을 받았느냐는 바울의 질문에 그들은 아니라고 대답합니다. 그 후에 바울이 그들에게 안수하자, 방언하고 예언하며 성령을 받은 징표를 보여 주었습니다(행 19:1-7).

바울은 다메섹으로 가는 길에서 성령을 통해 예수님을 믿게 되어 회심할 당시, 아무것도 받지 못한 상태였습니다. 하나님께서는 며칠 뒤 아나니아를 명하여 그에게 가서 도우라고 하셨습니다. "아나니아가 그에게 안수하여 이르되 형제 사울아 주 곧 네가 오는 길에서 나타나셨던 예수께서 나를 보내어 너로 다시 보게 하시고 성령으로 충만하게 하신다 하니"(행 9:17) 그제야 비로소 바울은 전진 명령을 받고 강력하게 사역할 준비가 되었습니다.

예수님을 믿게 된 사람들이 저절로 성령을 받지 않았다는 사실은, 회심은 분명히 성령에 의해 이루어지지만, 성령 충만하게 되는 경험이 그 즉시 반드시 주어지는 것은 아님을 명확하게 증명해주고 있습니다. 초대 교회에서는 종종 성령의 은사가 세례와 동시에 주어지기도 했지만, 물로 세례를 받는다고 해서 성령 충만을 받는 것도 아닙니다. 신약성경에서는 세례의 은총, 성령의 사역이 처음부터 항상 성령의 특별한 은사를 동반한 것은 아닌 것으로 보입니다. 성령의 역사는 신자들의 삶을 통해 계속되었습니다. 성령은 각 사람이 그의 충만함을 경험하기를 바라십니다. 사도행전에서처럼 성령으로 충만하게 되면 신자들의 삶이 새롭게 변화됩니다.

이 경험은 사도들에게만 국한된 것이 아니었습니다. 새로운 실체가 등장하게 되는데, 그것은 바로 하나님의 교회입니다. 성령께서는 신자들의 몸이자 성도들의 공동체인 신약의 교회를 무(無)에서 창조해 내셨습니다. 분명히 하나님의 나라는 예수 그리스도께서 세상에 계시는 동안 그의 인성과 사역 가운데 나타났습니다. 그러나 성령이 오시기 전까지는 교회가 존재하지 않았습니다. 신약시대의 신자들은 예수님을 주님이자 구세주로 인정하면서 성령의 통치에 복종해 사랑하고 섬기며 예배했습니다.

예수님께서 하나님의 나라가 도래할 것이라고 하신 말씀이 그의 인성과 함께 그의 교회 안에서도 살아있는 실체가 되었습니다. 신약 교회 안에서는, 사도행전에 기록된 것처럼, 하나님의 사랑의 통치가 시작되었습니다. 우리는 모든 신자들이 한 마음이 되어 모든 소유를 함께 나누었다는 것을 들었습니다. 당시의 기록을 통해 그들의 섬김의 자세가 소문이 자자했음을 알 수 있습니다. '그들이 서로 얼마나 사랑하는지 보아라!' 자기중심적이고 물질을 추구하는 것이 인간의 본성임에도 불구하고, 아낌없이 주며 공익을 위해 개인의 소유를 기쁘게 내놓았던 사람들이 여기 있었습니다. 이 모든 것은 믿는 자들의 마음을 주장하시는 성령으로부터 비롯된 일이었습니다.

하나님의 나라가 도래했습니다. 그 곳은 빛의 왕국이었습니다. 죄가 드러나고(행 5) 빛이 승리했기 때문입니다. 그 곳은 기쁨의 왕국이었습니다. 기쁨의 영이 모두에게 흘러 넘쳤기 때문입니다. 신자들은 기쁨으로 떡을 떼었습니다(행 2:46-47). 그들의 삶은 환난과 핍박에도 불구하고 넘치는 기쁨으로 가득했고, 심지어 그것을 특권이라 여길 정도였습니다(히 10:34). 한 지역에서 (말씀을 전하다) 쫓겨난 후에도 "제자들은 기쁨과 성령이 충만하니라"는 말씀을 볼 수 있습니다(행 13:52; 5:41). 하나님의 나라는 평화의 왕국이었습니다. 이것은 자신을 비판하는 사람들에게 사랑을 베푼 바울의 모습에서 분명히 드러납니다, 모든 것을 견디고 원통해하지 않는 사랑입니다. 그의 삶은 화해의 복음을 전파하는 강력한 증인으로서의 삶이었습니다. 마침내, 하나님의 나라는 사도들의 기적을 통해 능력과 영광의 왕국으로서 뚜렷하게 나타나게 되었고, 이것은 하나님의 위대하심을 놀랍도록 드러내는 것이었습니다.

승천하신 주님은 성령을 통해 공생애 동안 시작하셨던 하나님의 왕국을 건설하는 일을 계속 이어가셨습니다. 이제 그 일은 그리스도의 몸을 통해 드러났습니다. 하나님께서는 그리스도를 그들의 주님이자 구세주로 여기며 충성을 맹세한 사람들을 일으켜 세우셨습니다. 그들은 왕의 사람들이었습니다. 그의 백성들인 신자들을 통해 예수님께서는 부활하신 주님으로 당신 왕국에 모습을 드러내셨습니다. 하나님 나라의 도래를 바라던 오랜 소망은 성령의 오심과 교회의 출현으로 실현되었습니다.

오순절 이래로 계속된 성령의 강력한 역사는 숨이 멎을 정도입니다. 초대 기독교인들 사이에서 강력한 성령의 역사가 일어났습니다. 겉으로 보기에 그들은 돈(물질)도, 영향력도 부족했습니다. '은과 금은 내게 없거니와'라고 베드로는 말했습니다(행 3:6). 그러나 내적으로는 그들 가운데 하나님의 영으로부터 공급되는 강력한 동요가 일어났습니다. 무시할 수 없는 역동적인 힘이 발생했습니다. 복음에는 반응이 뒤따릅니다. 받아들이거나 받아들이지 않거나, 사랑하거나 미워하거나 둘 중 하나입니다. 기적이 일어나고, 예수 그리스도의 이름으로 기사와 표적이 나타나는 강력한 움직임이 나타났습니다. 여기에 세상을 뒤집어엎은 사람들이 있었습니다(행 17:6).

성령께서 구구절절 교회에 열정을 불어넣으셨기 때문에 사도행전에는 활력이 넘쳐납니다. 거기에는 지속적인 행동, 생명, 그리고 운동이 있습니다. 복음의 영향으로, 유대인과 이방인들도 신앙을 받아들이고 거듭나게 되었습니다. 사도들과 그리스도의 증인들은 많은 곳에서 놀라운 성령의 역사를 전했습니다. 유럽과 같이 멀리 떨어진 곳에서도 성령의 영감을 받아 그의 지휘 아래 하나님 나라의 성장과 복음의 확장이 이루어졌습니다. 날마다 많은 영혼들이 영적 사망과 하나님과의 단절로부터 구원받아 그리스도 안에서 새 생명을 얻게 되었습니다. 생명이자 불이신 성령은 신자들로 하여금 함께 기도하게 하십니다(행 4:24). 그들의 기도는 매우 강력해서 그들이 있던 곳이 흔들릴 정도였습니다. 그들이 하나님께 기사와 표적을 구하고, 간구한 것들이 이루어지면서 기도는 더욱 강력해졌습니다. 하나님께서는 성령의 인도하심을 따르는 기도에 응답하십니다. 강력하고, 생명을 주는 성령의 역사는 유대인이나 이방인들에게나 동일하게 알려졌습니다. 사도행전은 성령께서 하신 일을 자세히 설명해주는 계속되는 찬양입니다.

예수님께서 초막절에 하신 말씀이 성취되며, 거듭난 교회를 통해 생명수가 강처럼 흘러넘쳤습니다.

"나를 믿는 자는 성경에 이름과 같이 그 배에서 생수의 강이 흘러나오리라 하시니 이는 그를 믿는 자들이 받을 성령을 가리켜 말씀하신 것이라(예수께서 아직 영광을 받지 않으셨으므로 성령이 아직 그들에게 계시지 아니하시더라)."(요 7:38-39)

그러나 이제 성령께서 부어 주실 때가 왔고, 생명의 강이 제자들 속에서 흘러나왔습니다. 그 강은 제자들을 통해 많은 사람들에게 계속해서 흘러갔고, 목마른 자들이 마셨으며, 영혼이 치유되고 예수님을 믿는 믿음을 갖게 되었습니다.

제자들은 오순절에 일어난 기적을 보며 끊임없이 경탄했을 것입니다. 성령의 임재는 그들의 삶을 송두리째 변화시키고, 하나님을 섬기도록 준비시켰습니다. 우리는 바울이 왜 이미 성령의 세례를 받은 에베소 교회에 계속해서 "성령으로 충만함을 받으라"고 권고했는지 보았습니다. 신약의 신자들에게는 넘칠 때까지 받길 원하는 것이 당연했습니다. 그들은 성령이 주시는 영광과 기름부음을 맛보았던 사람들입니다. 그들은 자신들의 필요를 알고 있었습니다. 성령의 충만함이 없이는 그리스도인으로서 삶을 살아갈 능력이 부족했습니다.

사역에 있어서 성령으로부터 오는 권능이 없었다면 제자들이 무엇을 이룰 수 있었겠습니까? 아무 것도 없습니다. 그들이 지상명령을 이루는 것은 불가능했을 것입니다. 그 누구보다도, 바울의 삶에서 이 사실이 분명히 나타납니다. 성령의 권능 없었다면, 그가 로마제국에 복음을 전파하는 것이 불가능했을 것입니다. 수천 명의 사람들이 예수님을 믿고 도처에 교회가 세워질 수 있었던 것은 바울을 통해 역사하신 성령 덕분입니다.

성령은 바울이 예수님을 증언하도록 하셨습니다 (고전 9:16). 바울이 그 모든 능력으로 복음을 전파하게 하셨던 분은 성령이십니다.

"우리 복음이 너희에게 말로만 이른 것이 아니라 또한 능력과 성령과 큰 확신으로 된 것임이라."(살전 1:5)

바울이 오직 '성령의 나타나심과 능력'(고전 2:4)으로만 말씀을 전했기 때문에 많은 사람들이 거듭날 수 있었습니다. 그를 그렇게 열정적으로 만든 것은 성령이셨습니다. 바울의 열정적인 간증을 들은 베스도는 소리쳤습니다.

"바울아 네가 미쳤도다."(행 26:24)

다른 이들도 주님에 대한 열정으로 타오르기를 간절히 바라는 마음으로, 바울은 로마 교회에 촉구했습니다.

"열심을 품고 주를 섬기라."(롬 12:11)

복음 증거에 있어서 제자들은 전적으로 성령에 의존했습니다. 그들은 살아 계신 하나님 섬기기를 거부하는 사람들과 이교도들의 불신앙에 맞섰습니다. 사역 때문에 그들은 분쟁에 휘말렸습니다. 박해와 증오, 능욕과 위협에 부딪혔습니다. 그들이 성령의 권능을 받지 못했다면, 그러한 갈등을 감당하지 못했을 것입니다. 이제 그들은 예수님의 약속을 직접 경험했습니다.

"그 때에 너희에게 할 말을 주시리니 말하는 이는 너희가 아니라 너희 속에서 말씀하시는 이, 곧 너희 아버지의 성령이시니라."(마 10:19-20)

성령은 그들에게 자신감을 불어넣으시고 힐문과 박해를 견딜 수 있는 용기를 주셨습니다. 몇 번이고 계속해서 그들은 반대자들이 할 말을 잃게 만들었습니다. 반대에도 불구하고 그들은 선포했습니다.

"우리는 보고 들은 것을 말하지 아니할 수 없다."
(행 4:20)

박해를 받을 때, 그들은 기뻐하며 그 자리를 떠났습니다. 성령께서 용기를 불어넣으셔서 그들은 흔들림 없이 시련을 극복해나가며, 지옥의 공격 앞에서 승리자이신 예수님의 이름을 담대히 선포했습니다. 스데반은 신령한 지혜로 말했기 때문에 아무도 그를 반박하지 못했습니다(행 6:10).

그리스도로 인해 치욕을 당할 때, 영광의 영이 제자들 위에 거하셨습니다(벧전 4:14). 스데반의 공판에 모인 사람들은 이 영광을 뚜렷이 보았습니다.

"그 얼굴이 천사의 얼굴과 같더라."(행 6:15)

성령의 은사가 없었다면, 제자들은 여전히 능력이 부족하고, 주님이 그들을 가장 필요로 할 때 저버리고 부인했던 죄 많은 실패자들로 남았을 것입니다. 부활하신 예수님께서 하늘로 떠나실 당시만 해도, 예수께서는 제자들의 믿음 없음과 마음의 완악함을 꾸짖으셨습니다(막 16:14). 그러나 이제 그들은 남은 교회와 함께 성령의 권능으로 강해졌고 고통과 박해를 성큼성큼 넘을 수 있었습니다. 예수님께서 약속하신대로 보혜사 성령이 오신 것입니다.

신자들이 기도를 하든 기뻐 찬양하든 복음을 전하든, 성령께서는 항상 영광받기 위해 오신 예수님께로 그들의 관심을 돌리셨습니다(요 16:14). 예수께서는 십자가에 못 박혀 죽으시고 부활하신 주님, 성령 사역의 중심에 계신 분으로서, 그들의 증거를 통해 그들의 얼굴 가운데 밝게 빛나셨습니다. 그들은 자신들의 삶을 바친 주님이 누구신지에 대한 기쁨에 사로잡혔습니다. 그들은 주님을 위해 살았고, 그분에 대한 사랑으로 목숨을 버릴 각오도 되어 있었습니다.

성령은 제자들에게 불의 영으로 오셨습니다. 그들은 어떤 대가를 치르더라도 사람들이 '이 패역한 세대에서' 구원을 받도록 예수님의 이름을 증거 하지 않을 수가 없었습니다(행 2:40). 성령은 예수님 이름에 영광 돌리는데 열정을 갖게 하시고, 그 열정으로 불타오르게 하셨습니다.

"표적과 기사가 거룩한 종 예수의 이름으로 이루어지게 하옵소서."(행 4:30)

초대교회는 이렇게 기도했습니다. 이미 많은 기적을 목격한 신자들은 하나님께서 영광 받으시는 것으로 인해 더욱 기도에 힘썼습니다.

"모든 사람이 그 된 일을 보고 하나님께 영광을 돌림이라."(행 4:21)

하나님께 영광을 돌리는 것과 영혼 구원에 대한 간절한 열망에 이끌려, 신자들은 성령께서 그의 선물을 통해 자신을 더욱 더 드러내시기를 열심히 기도했습니다. 예수님께서 믿는 자들에게 표적이 따를 것이라고 약속하셨기 때문입니다(막 16:17-18).

그리고 그들의 기도는 응답되었습니다. 사도행전에는 사도들이 많은 기사와 표적을 행했다고 기록되어 있습니다(행 2:43; 5:12; 14:3). 사람들은 속박에서 풀려나고 어둠의 권세로부터 건지심을 받았습니다. 병자들이 고침을 받았습니다. 성령 충만한 신자들은 하나님을 각기 다른 방언으로 찬양했습니다. 순교적 희생으로 생명을 잃은 사람들도 있지만, 보호하심의 기적이 일어났습니다.

"스데반이 은혜와 권능이 충만하여 큰 기사와 표적을 민간에 행하니."(행 6:8)

빌립도 그러했습니다. 무리는 그가 행하는 표적들을 보고, 그의 설교에 귀를 기울였습니다(행 8:6). 성령은 능력과 권능의 영으로서 보이셨습니다. 절름발이가 일어서고 걸었습니다(행 3:8; 마 11:5; 사 35:6). 죽은 자가 살아났습니다. 베드로의 말에 다비다가 살아났습니다(행 9:36). 초기 기독교인들에게 천국은 살아 있는 실재였습니다.

천사의 무리도 활발히 움직였습니다. 하나님의 천사가 감옥에 나타났습니다(행 5:19; 12:7). 스데반은 하나님의 영광을 보았습니다(행 7:55). 한 사자는 빌립을 하나님을 찾는 에티오피아 국고 관리인에게 인도했습니다(행 8:26-39). 하나님의 사자는 조난당하게 된 위험한 항해에서 무사할 것을 약속하며 바울을 위로했습니다(행 27:23). 천국이 땅과 맞닿고 성령의 역사가 일어날 때, 물질계를 포함한 모든 것이 변화되었습니다. 철문이 저절로 열렸습니다(행 12:10). 빌립은 성령에 의해 갑자기 사라져서 다음 사역할 장소로 옮겨지기도 했습니다(행 8:39).

성령께서 기도 가운데 권세와 능력을 주셔서 감옥 문이 열리기도 했습니다(행 16:25-26). 성령은 성도들이 엄청난 업적을 달성하는 것을 가능하게 하셨습니다. 우리가 성경에서 읽었듯, "하나님이 바울의 손으로 놀라운 능력을 행하게" 하셨습니다(행 19:11). 사람들은 단순히 그의 몸에 지녔던 옷 조각을 만지기만 해도 병 고침을 받고 구원받았습니다. 제자들의 행위는 예수님의 말씀을 지키는 것이었습니다.

"오직 성령이 너희에게 임하시면 너희가 권능을 받고."(행 1:8)

이러한 성령의 사역에 대한 반응으로, 새로운 교회들이 도처에 생겨나기 시작했습니다. - 하나님 나라의 도래.

성령의 역사는
신자들의 삶을 통해 계속되었습니다.
성령은
각 사람이 그의 충만함을
경험하기를 바라십니다.
사도행전에서처럼
성령으로 충만하게 되면
신자들의 삶이
새롭게 변화됩니다.

4
모든 은사에 부족함이 없게 하라
고전 1:7

"각각 은사를 받은 대로 … 서로 봉사하라"
(벧전 4:10)

하나님의 나라나 하나님의 통치와 같은 말은 주 되신 예수 그리스도께서 실제로 우리 가운데 거하심을 나타내는 또 다른 표현입니다. 예수님께서는 세상에 계시는 동안 당시의 다른 종교지도자들과는 다르게, 능력 있는 말씀을 전하셨습니다. 예수님을 비판하는 사람들은 온갖 지혜와 권위로 말씀하시는 예수님을 당해낼 수 없었습니다. 예수님께서는 하나님에 대한 모든 지식을 갖추고 계셨습니다. 그는 능력 있는 선지자였고, 사람의 마음에 숨겨진 동기까지도 감찰하셨으며, 표적과 기사를 행하셨습니다. 성령의 모든 선물과 징표가 그 안에서 연합되었습니다.

부활하신 그리스도께서 교회를 전적으로 지배하

셨다면, 교회는 성령이 이루신 진정한 그리스도의 몸이 되었을 것입니다. 예수님께서 신자들의 믿음에는 성령의 선물로부터 오는 표적이 따를 것이라고 약속하셨기 때문에 그 동일한 영적 능력이 교회에서 일어날 것입니다(막 16:17-18).

이러한 선물들 또는 은사들은 신령한 은혜의 징표였습니다. 이것은 그리스 어원인 'charis'(카리스)라는 말에 분명히 나타나는데, 이 말은 은혜, 호의, 친절을 뜻합니다. 이 은혜의 선물들과 함께 하나님께서는 우리에게 '엄청난 경이로움과 놀라운 기쁨'을 주는 분에 넘치는 선물을 거저주셨습니다.[43] 성경은 고린도전서 12장과 14장, 로마서 12장에서 풍부한 성령의 은사에 대해 설명하고 있습니다. – 지혜, 지식, 예언, 믿음, 능력 행함, 병 고침, 가르침, 영들 분별함, 권면, 구제, 다스림, 방언과 통역의 은사 등입니다.

성령께서 '그의 뜻대로' 은사를 나누어 주시며(고전 12:11) 교회 안에 얼마나 다양한 가능성을 열어 두셨는지요. 우리는 이미 받은 은사로 섬길 뿐만 아니라, 그의 창조적 능력 안에서 다양한 은사를 필요에 따라 우리에게 공급해 주시는 분 역시 성령이십니다. 상황이 변함에 따라 주시는 은사도 달라집니다. 어느 경우든지, 은사는 다른 사람들을 섬기고 연합하여 그리스도의 몸을 세우는 공동의 유익을 위해 존재합니다(고전 12:7). 예수님과 이웃에 대한 사랑은 진정한 영적 은사를 사용함에 있어 유일한 기준이 됩니다. 사도행전에서는 이것을 상세히 설명하고 있습니다.

지혜와 지식의 은사

성경에는 "스데반이 지혜와 성령으로 말함을 그들이 능히 당하지 못하였다"고 기록되어 있습니다(행 6:10). 극심한 적개심 앞에 직면한 자에게 이것은 얼마나 귀중한 은사입니까! 교회는 초창기부터 박해 아래 있었기 때문에 스데반뿐 아니라 모든 믿는 자들에게도 마찬가지였습니다. 지혜는 '주어진 시간에, 듣는 사람이 문제를 회피하지 못하도록 매우 효과적으로 말할 수 있는 능력이다. … 지혜는 거룩한 재치이다.'[주4]

예수님께서는 "내가 너희의 모든 대적이 능히 대항하거나 변박할 수 없는 구변과 지혜를 너희에게 주리라"(눅 21:15)고 제자들에게 말씀하셨습니다. 이렇게 말씀하신 것은 바로 그 분이 "너희 속에서 말씀하시는 아버지의 성령"이시기 때문입니다(마 10:20). 바울은 "내 말과 내 전도함이 설득력 있는 지혜의 말로 하지 아니하고 다만 성령의 나타나심과 능력으로"(고전 2:4)하였다고 고백할 수 있었습니다. 듣는 사람들의 양심은 찔림을 받았습니다. 사람들은 성령으로 거듭났고, 사랑으로 불타올랐으며 자기 십자가를 지고 예수님을 따르기로 작정했습니다.

지혜의 은사는 성령의 경이로운 자질 중 하나입니다. 그것은 단지 성령 충만한 말 이상의 것을 적절한 시기에 공급해줍니다. 그것은 인간의 이해를 초월하는 하나님의 숨겨진 지혜, 예수님의 말씀처럼 "지혜롭고 슬기 있는 자들에게는 숨기신"(마 11:25) 아버지의 지혜를 드러냅니다. 인간의 지식으로는 결코 가늠할 수 없는 하나님의 생각과 계획, 그분의 성품의 깊이를 성령께서 지혜라는 자비로운 선물을 통해 우리에게 드러내주셨습니다. 우리의 이성이나 과학적 연구로는 결코 얻을 수 없는 것들을 우리에게 선물로 주셨습니다. 하나님의 성품의 숨겨진 깊이와 신비에 대해 알 수 있는 특권을 얻은 것입니다.

"성령은 모든 것 곧 하나님의 깊은 것까지도 통달하시느니라."(고전 2:10)

지혜의 은사는 우리에게 하나님께서 구원하시는 목적의 깊이와 범위를 꿰뚫어 볼 수 있게 해 줍니다. 우리의 눈은 이스라엘, 열방, 그리스도의 몸 된 교회와 신자들 개개인을 향한 하나님의 계획(destiny)을 보도록 열려 있습니다(롬 9-11). 지혜의 은사가 없었다면 신약성경는 기록될 수 없었을 것입니다.

지혜의 은사는 우리를 하나님에 대한 경외심으로 가득하게 합니다. 계속해서 그 분 앞에 엎드려 경배하고 싶은 마음이 생깁니다. 그 분의 방식은 매우 경이롭고 영광스러워 우리는 이렇게 감탄할 수밖에 없습니다.

"당신의 모략은 정말 놀랍습니다!"

모든 것이 암울하고 인간적으로 이해할 수 없는, 무의미해 보이는 고통 속에서도 이 은사를 통해 하나님의 섭리를 보게 됩니다. 하나님을 뜻을 이해할 수 없을 때, 우리는 시편기자의 말을 통해 은혜를 받습니다. "하나님의 도는 완전하고"(시 18:30) 경배할 마음을 불러일으키는 것이 지혜의 은사를 비롯한 다른 모든 은사의 목적입니다. 이것이 바로 이스라엘을 인도하시는 하나님의 지혜를 묵상하던 바울에게 찬양의 마음이 넘쳐났던 이유입니다.

"깊도다 하나님의 지혜와 지식의 풍성함이여!"(롬 11:33)

지혜의 은사는 지식의 은사와 중복됩니다. '지식'이라고 번역된 말이 바울의 서신에서 자주 나타납니다. "내가 비록 말에는 부족하나 지식에는 그렇지 아니하니"(고후 11:6)라고 쓴 것으로 보아 지식이 바울에게 중요했던 것은 분명합니다. 지식의 은사를 받은 바울은 특별히 말씀을 가르치는 교사로서 교회를 섬겼습니다. 그는 교회 안에 침입해오는 거짓 지식들과 싸웠습니다. 그에게 있어서 지식은 인간적인 통찰력도, 사소한 단어를 세세하게 트집 잡는 것도 아니었습니다.

지식의 은사는 생명의 영이신 성령님으로부터 옵니다. 그것은 성령 자신과 같이 생명을 주는 것이지, 거짓된 문자주의나 죽은 교리와는 관계가 없습니다. 이것은 사도행전이나 사도들의 서신, 그리고 사도신경에 분명하게 나타납니다. 지식의 은사를 받아 믿음의 언어적 고백은 여러 세대 동안 사람들이 하나님에 대한 사랑과 경배에 불타도록 만들었습니다. 심지어 예수님을 위해 기꺼이 목숨까지 내어놓을 정도였습니다.

하나님의 지식은 참된 지식입니다. 그것은 그리

스도인들의 삶에 풍성한 열매를 맺고(골 1:9) 다른 사람을 가르칠 수 있을 만큼 성숙한 경지로 이끌어 줍니다(롬 15:14). 바울의 관심사는 교회가 "확실한 이해의 모든 풍성함과 하나님의 비밀인 그리스도를 깨닫게 하는 것"이었습니다(골 2:2).

이 지식과 이해의 은사는 하나님이 구원하시는 목적의 범위를 성경에 펼쳐진 것과 같이 파악하고, 전체 그림을 볼 수 있는 성령으로부터 받은 능력입니다. 그것은 구원과 칭의, 성화의 의미, 그리고 성령의 은사의 중요성을 설명해 줍니다. 이러한 까닭에 지식의 은사와 가르침의 은사는 흔히 같이 나타나게 됩니다.

예언의 은사(계시와 예언)

초대교회에서는 계시에 계시가 뒤따라 일어났습니다. 사도행전에 기록된 하나님의 강력한 역사는 성령의 계시와 맞물려 있습니다. 성령께서는 인간의 타고난 머리로는 깨달을 수 없는 문제들을 드러내 보여 주십니다. 성령은 빌립이 에티오피아의 국고를 맡은 관리에게 다가가도록 지시하셨습니다(행 8:29). 바울에게는 계시를 통해 예루살렘에 있는 사도회의에 서야 할 것을 말씀하셨습니다(갈 2:2). 그는 베드로에게 환상을 통해, 또 후에 음성을 통해, 그가 고넬료에게 가야 함을 알리셨습니다.

"두 사람이 너를 찾으니… 내가 그들을 보내었느니라."(행 10:19-20)

그는 바울이 비두니아로 가는 것을 허락하지 않으시고, 마게도냐 사람 하나가 나타나 간청하는 환상을 보이셨습니다.

"마게도냐로 건너와서 우리를 도우라."(행 16:9)

고린도에서 주님은 환상 가운데 나타나셔서, 두려워하지 말라고 말씀하시며 바울에게 용기를 주셨습니다.

"이 성중에 내 백성이 많음이라."(행 18:10)

바울은 또 다른 환상 중에, 이방인들에게 가서 복음을 전하라는 주님의 음성을 들었습니다(행 22:17-21). 후에 바울은 이렇게 간증했습니다.

"곧 계시로 내게 비밀을 알게 하신 것은… 이방인들이 복음으로 말미암아 그리스도 예수 안에서 함께

상속자가 되고, 함께 지체가 되고, 함께 약속에 참여하는 자가 됨이라."(엡 3:3, 6)

험한 폭풍 가운데에서도, 환상을 통해 천사를 보내셔서 바울에게 목적지인 로마에 당도할 것이라는 확신을 주셨습니다(행 27:23-24).

바울의 선교 여행 이야기는 성령의 직접적인 영향을 받아 이루어졌던 것입니다. 이러한 성령의 인도는 뒤이어 일어나는 선교의 역사에서도 분명하게 나타납니다. 성령은 아주 구체적인 부분까지 알려 주시고 인도하십니다.

이러한 계시들은 사도행전과 서신들을 통해 꼬리를 물고 이어집니다. 신약에 나오는 계시들은 '묵시'라고 불리는데, 이것은 무언가 감추어진 것을 밝히고 드러내는 것을 뜻합니다. 우리의 이성적인 사고로는 인식할 수 없는 것들로부터 우리를 차단하던 막이 제거되었습니다. 이 은사를 통해서 우리에게 주어진 것들이 어떤 것인지 한번 생각해 보세요! 이러한 계시들은 대체로 환상을 통해 일어납니다. 구약에서는 환상이 주로 위대한 선지자들에게 국한되어 있었습니다. 그러나 선지자 요엘에 따르면, 이 선물은 모든 믿는 자들에게 새로운 시대의 표징으로서 나타난다고 했습니다(욜

2:28). 베드로는 설교 중에 이 새로운 시대가 시작되었다고 외쳤습니다(행 2:16-17). 이전에는 선지자들에게 특별한 기름 부으심이었던 이 은사가 이제 노소를 막론하고 하나님의 선물로서 모든 하나님의 아들, 딸들에게 부어지게 되었습니다.

의심할 여지없이, 신약의 교회에서는 예언적 소명을 받은 신자들이 있었고, 그들은 지역 교회의 지도 아래 그 은사를 사용했습니다. 교회가 다양한 형태의 계시를 인정하면서 모일 때는 예언의 영도 역사하십니다(고전 14:26).

환상을 통한 계시는 내면적으로나 외면적으로 하나님의 음성을 듣는 것도 포함될 수 있습니다. 이 일은 다메섹으로 가는 도중 회심했던 바울에게 일어났습니다.

"사울아, 사울아, 네가 왜 나를 핍박하느냐"

다메섹에서 아나니아가 특별한 명령을 받은 것도 환상을 통해서였습니다. 주님께서는 성령을 통해 그에게 말씀하셨습니다.

"가라! 이 사람은 … 택한 나의 그릇이라. 그가 내 이름을 위하여 얼마나 고난을 받아야 할 것을 내가 그에게 보이리라."(행 9:15-16)

바울이 후에 고백했듯이, 복음 사역을 위해 그를

준비시키신 분도 바로 성령이셨습니다.

"내가 전한 복음은 사람의 뜻을 따라 된 것이 아니니라. 이는 내가 사람에게서 받은 것도 아니요 오직 예수 그리스도의 계시로 말미암은 것이라."(갈 1:11-12)

지혜의 은사를 통해 바울이 하나님의 크신 목적에 대한 통찰력을 얻었고 이로 인해 찬양과 경배가 터져 나왔다면, 그와 다른 사도들이 예언의 은사를 통해 얼마나 하나님을 경배하고 찬양했을지 상상해 볼 수 있습니다. 예언의 은사를 통해, 그들은 성령님의 직접적인 인도를 받았으며, 하나님의 뜻을 알 수 있었습니다. 마치 아버지가 아들에게 이야기하듯이 하나님께서도 성령을 통해 결정이 필요한 특정 상황에서 지시를 내리시며, 그들에게 말씀하셨습니다.

계시로 얻는 유익에는 성령의 인도하심만 있는 것이 아닙니다. 주님께서는 때로 하늘 문을 열기도 하셨습니다. 바울의 경우, 하나님께서 베일을 벗기셨을 때 셋째 하늘을 보는 것이 허락되었습니다(고후 12:1-4). 계시의 영은 참으로 놀라운 선물입니다(엡 1:17). 인간이라는 한계 때문에 우리는 단지 눈에 보이는 것밖에는 알 수 없는 약점을 가진 자들입니다. 계시의 은사를 받으면, 그러한 제약으로부터 벗어나게 됩니다. 신적 실재가 신자들의 삶에 확실히 자리 잡게 됩니다. 그것은 우리가 아무런 방해 없이 하나님과 연합하게 될 천국을 미리 맛보는 것입니다.

예수님께서는 "내가 너희를 고아와 같이 버려두지 아니하고 너희에게로 오리라"(요 14:18)고 하신 그 분의 약속을 성령을 통해 성도들에게 말씀하심으로 이루셨습니다. 이것은 성령의 계시가 예언을 통해 교회 전체에 역사하게 될 때, 특별히 그러합니다.

신약에서 예언은 구약과 마찬가지로 신적인 영감을 받아 말하는 것입니다. 영화로우신 주님의 말씀이 때로 예언의 은사를 가진 믿는 자들의 입을 통해 나오게 됩니다.

"그 눈이 불꽃같고 그 발이 빛난 주석과 같은 하나님의 아들이 이르시되 내가 네 사업과 사랑과 믿음과 섬김과 인내를 아노니… 그러나 네게 책망할 일이 있노라."(계 2:18-20)

(이 말씀은 하나님께서 선지자에게 "여호와께서 내게 이르시되 보라 내가 내 말을 네 입에 두었노라"고 말씀하신 예레미야 1장 9절 말씀과 매우 유사합니다.)

예언의 은사를 통해 요한은 예수께서 친히 소아시아에 있는 일곱 교회의 성도들에게 강력하게 말씀하시는 메시지를 받았습니다. 예수님께서는 예언의 말씀 가운데 실제로 계십니다. 하늘로 승천하신 후에도 여전히 그의 백성들과 함께 계십니다. 그는 약속된 성령을 통해 1인칭으로 말씀하십니다.

한 성경 주석가는 이렇게 썼습니다.: '요한의 복음이 성령의 오심을 예언했을 때, 예언을 통해 나타내신 그 영을 언급한 것이 틀림없습니다. 그 영은 교회 안에서 인간의 형상으로 오신 주님만큼이나 분명하게 말씀하십니다. 이런 의미에서 볼 때, 제자들을 외롭게 남겨 두지 않으셨습니다. 예수님께서 성령을 통해 하늘로부터 그들과 대화하실 때, 예수님께서 아버지께로 돌아가신 이후 제자들이 갖게 된 상실감을 완전히 메워주었습니다. 그래서 새 언약 아래 주어진 모든 예언들은 예수님과 그의 사도들에 대한 증거와 긴밀히 연결되어 있습니다. - "그가 내 영광을 나타내리니 내 것을 가지고 너희에게 알리시겠음이라."(요 16:14)'

"예수의 증언은 예언의 영이라."(계 19:10) '성령을 통해 예수님께서는 이 땅의 교회에게 예수님의 관심사를 알리셨습니다(요 16:13-14). 예언은 예수님의 마음을 그의 영적 지체인 교회에 알리는 역할을 합니다. 예언은 그분의 고통과 기쁨, 갈망과 위로의 표현입니다.'[주6]

바울은 고린도교회에 촉구했습니다. '신령한 것들을 사모하되 특히 예언을 하려고 하라'(고전 14:1), '그런즉 내 형제들아 예언하기를 사모하며…'(고전 14:39) 그는 교회를 통해 이 은사의 증거를 보기 원했습니다. '교회는 예언을 통해 현재 교회가 알아야 하는 것에 관해 깨달아야 하기 때문'입니다.[47] 초대 교회에서는 예언의 은사가 주된 역할을 했습니다. 신양성경에서는 '선지자', '예언', '예언하다'라는 말이 자주 반복되어 나타납니다.

사도행전 11장 28절에 보면, 아가보라 불리는 사람이 큰 흉년이 들 것을 예언했고, 그의 경고로 교회는 흉년에 미리 대비할 수 있었습니다. 바울은 예루살렘을 가는 길에 머물렀던 여러 장소에서 다가올 결박과 환난에 대한 예언의 메시지를 통해 사전 경고를 받았습니다(행 20:23; 21:4, 11). 여자들 역시 예언의 은사를 타고나기도 했습니다. 바울이 함께 머물렀던 전도자 빌립은 예언하는 네 딸이 있었습니다(행 21:9).

우리는 이미 구약성서에서, "묵시가 없으면 백성이 방자히 행하거니와…"(잠 29:18)라는 말씀을 읽었습니다. 왜 그럴까요? 예언은 죄를 폭로하는 것을 포함하기 때문입니다. 예수님께서 세상에 계시는 동안 사람들의 비밀스런 생각을 드러나게 하셨는데, 이 일을 계속 하신 것은 예언의 영을 통해서였습니다. 이것이 바로 아나니아와 삽비라의 사건에서 보았던 초대교회의 매우 충격적인 경험이었습니다(행 5:1-11). 믿지 않는 자들 역시, 마음의 숨은 일들이 드러나 죄를 깨닫게 되었습니다(고전 14:24-25).

하나님에 대한 경외는 신자들을 새롭게 다시 사로잡습니다. 진리의 빛 안에서 잘못이 드러날 때마다 사람들은 죄에 대한 두려움으로 가득하게 됩니다. 이런 유익한 충격은 종종 회개와 마음의 변화를 가져왔고, 예수님의 용서를 경험하게 했습니다. 예언을 하는 사람이 인간적으로는 알지 못했지만 환상이나 지식의 말을 통해 성령께서 알게 하신 문제들에 대해 언급하면, 그때 사람들은 죄를 깨닫게 됩니다. 하나님의 예언의 말씀은 양날의 검처럼 양심을 찌릅니다.

예언은 놀라운 은혜의 선물입니다. 예언은 믿는 자들이나 믿지 않는 자들에게 동일하게 죄에 대한 그들의 무관심과 부주의함에 눈뜨게 합니다. 예언은 잘못된 행위들을 빛으로 드러내어 죄인들이 회개함으로 깨어지게 합니다. 결과적으로 살아 계신 하나님께서 드러나고 영광 받게 되는 것입니다. 바울 사도는 예언을 통해 죄가 드러난 사람들이 엎드려 하나님께 경배했다고 기록합니다(고전 14:25).

예언의 은사 안에는 풍성한 복이 있습니다. 그것은 다가올 일들에 대한 예언을 포함합니다.

"네가 본 것과 지금 있는 일과 장차 될 일을 기록하라"(계 1:19)

이 말씀과 함께 요한은 장차 일어날 환상을 전달하라는 지시를 받았습니다. 때때로 하나님께서는 교회 안에서 예언사역을 할 다른 사람들을 일으키십니다. 그들은 가까운 장래에 일어날 것을 보는 은사를 맡은 사람들입니다.

그러나 예언의 은사에는 그 이상의 것이 있습니다. "예언은 미래를 알게 되는 능력뿐만 아니라, 과거와 현재, 그리고 미래를 하나님의 관점에서 보고 이것을 다른 사람들에게 전달할 수 있는 은사입니다."[주8] 예언은 경고나 권고가 될 수도, 회개의 요청이 될 수도 있습니다. 예언은 하나님께서 지금 전체 공동체에게 말씀하시는 것을 전달합니다. 예언은 교회와 민족, 또는 세계 상황에 대한 하나님의 목적을 나타냅니다. 하나님께서 선지자들에게 세계 역사가 도달해 있는 상태를 알리실 때는, 이와 관련된 메시지 또한 영감으로 주십니다.

예언은 신성한 은사이지만 인간으로서 약점을 지닌 사람들에게 맡겨졌기 때문에, 바울은 참된 예언과 거짓 예언을 분별할 수 있는 명확한 지침을 주었습니다.

"예언하는 자는 둘이나 셋이나 말하고 다른 이들은 분별할 것이요."(고전 14:29; 살전 5:20-22)

예언의 은사를 받은 사람은 "믿음의 분수대로" 사용해야 합니다(롬 12:6). 예언하는 자 또한 자신의 생각이나 상상에서 나오는 예언을 해서는 안 되며, 자신이 영광을 받거나 지배욕을 채우기 위해 해서는 안 되는 책임이 있습니다. 특히 사탄으로부터 오는 생각이 들어오지 못하게 해야 합니다. 성경에는 "예언하는 자들의 영은 예언하는 자들에게 제재를 받나니"라고 쓰여 있습니다(고전 14:32). 예언을 할 때, 그들의 인격이 개입됩니다. 그들의 개성이 사라지는 것은 아닙니다. 이것이 바로 그들이 자신의 말에 대한 책임이 있는 이유입니다.

예언의 은사를 행사하는 사람은 성령의 다스림과 규율 아래 하나님의 대변자가 됩니다. 받은 메시지의 영향력은 종종 지역 교회를 넘어 확장되기도 합니다. 예언의 은사가 부어질 때마다 신자들은 성령을 통해 자신을 드러내시고 그들에게 가까이 다가오시는 예수 그리스도를 향한 경탄과 찬양, 경배로 가득하게 됩니다.

믿음의 은사

여러 세대를 거쳐 오면서 하나님께서는 믿음의 은사를 통해 교회 안에서 영광을 받으셨습니다. 이것은 예수 그리스도 안에서 모든 믿는 자들에게 성령으로 주어지는 일반적인 믿음을 가리키는 것이 아닙니다. 우리는 그리스도 안에서 우리 삶의 기초가 되는 이 구원의 믿음에 대해 아무리 감사해도 지나치지 않습니다. 그러나 그보다 더 심오한 것이 있습니다. 어떤 사람들은 주님께로부터 특별한 믿음의 은사-산을 옮길 만한 믿음-를 선물로 받습니다(고전 13:2). '믿음장'이라고 불리는 히브리서 11장에는 칭찬받을 만한 구약의 믿음의 조상들이 등장합니다. 이들은 이 산을 옮길 만한 믿음의 은사를 지닌 축복받은 사람들로, "믿음으로 나라들을 이기기도 하며 의를 행하기도 하며 약속을 받기도 하며 사자들의 입을 막기도 하며 불의 세력을 멸하기도…"하였습니다(히 11:33-34). 그들의 본보기에 감명을 받아, 성령의 권능을 받은 신약의 신자들도 계속해서 믿음의 위대한 사명을 수행해 나갔습니다. '이 영적 은사를 부여받은 그리스도인은 하나님께서 특정 상황에서 그의 힘과 공의와 자비를 나타내심을 알 수 있는 초자연적인 능력을 가지고 있습니다.'[주9]

주님께서 믿음의 은사를 통해 믿는 자들에게 주의 이름을 영화롭게 할 수 있는 기회를 주신 것은 참으로 놀라운 일입니다. 이 은사를 받은 사람들은 하나님 나라의 확장을 위한 기도에 놀라운 응답을 경험합니다. 이 은사는 그들이 노골적으로 불이익을 당하거나 보통 사람이라면 압박감으로 무너질 수밖에 없는 상황에 직면했을 때 견디는 것을 가능하게 합니다. 강력한 반대, 겉으로 보기에는 해결이 불가능한 문제나 엄청난 도전에도 불구하고, 그들은 하나님의 약속을 붙들고 나아가는 힘과 믿음을 부여받았습니다.

이 산을 옮기는 믿음의 영향력은 대단한 것입니다. 그들의 경험은 다른 사람들에게 하나님이 살아계시고 오늘날에도 기적을 행하심을 보여 주는 표시가 됩니다. 은사를 통해, 그들의 기도에 응답하시고, 약속을 지키시며, 모든 것을 행하시는 전능하시고 신실하신 하나님께 영광을 돌리게 됩니다.

믿음의 은사는 온갖 반대와 박해, 엄청난 역경에도 불구하고 교회를 더 강력하게 세우는 역할을 합니다. 바울 선교 여행의 놀라운 결과는 이러한 흔들리지 않는 믿음에 근거한 것입니다. 신자들이 이 믿음을 가지고 앞서갈 때, 하나님께서 영광을 받으시고, 다른 사람들은 믿음 안에 더욱 강건케 해 줍니다. 믿음의 은사는 엄청난 전도의 잠재력을 지니고 있습니다. 믿는 자들은 새로운 활력을 얻을 것이며, 믿지 않는 자들은 믿음에 따른 하나님의 역사를 보며 하나님을 신뢰하게 될 것입니다.

기적(능력) 행함의 은사

기적 행함은 예수님께서 믿는 자들에게 따를 것

이라 약속하신 표적 중의 하나입니다. "그들이 내 이름으로 귀신을 쫓아내며… 무슨 독을 마실지라도 해를 받지 아니하며"(막 16:17-18) 멜리데 섬에서 독사가 바울의 손을 물었을 때 그에게 어떤 부작용도 나타나지 않았습니다(행 28:5). 오늘날까지도 하나님께서는 믿는 자들의 삶 속에서 기적을 행하고 계십니다.

기적의 징표들은 일찍이 성경에 기록되었습니다. 예를 들어, 이집트에서 발생했던 전염병은 모세를 통해 행하신 이적이었습니다. 신약성경에는 여섯 번째와 일곱 번째 나팔 사이의 두 증인에 대해 다음과 같이 말씀하고 있습니다.

"만일 누구든지 그들을 해하고자 하면 그들의 입에서 불이 나와서 그들의 원수를 삼켜 버릴 것이요 누구든지 그들을 해하고자 하면 반드시 그와 같이 죽임을 당하리라. 그들이 권능을 가지고 하늘을 닫아 그 예언을 하는 날 동안 비가 오지 못하게 하고 또 권능을 가지고 물을 피로 변하게 하고 아무 때든지 원하는 대로 여러 가지 재앙으로 땅을 치리로다."(계 11:5-6)

기적의 표적들은 특히 마귀의 세력과 대항해 싸울 때 분명하게 나타납니다. 예수님께서 귀신들을 쫓으실 때, 군중들은 이러한 기사와 표적을 보고 놀랐습니다.

예수님께서는 그의 제자들에게 귀신을 쫓아낼 수 있는 권능을 주셨습니다(마 10:1). 그것이 그들이 제자임을 보여 주는 하나의 표시였습니다. 하늘로 승천하시기 전에, 예수님께서는 이 특별한 표적을 재차 확언하셨습니다(막 16:17). 사도행전에서 제자들이 귀신을 쫓아내면서 이 말씀이 실현되는 것을 볼 수 있습니다(행 16:18; 19:12). 성령의 권능으로 예수님의 이름을 부를 때 사탄의 권세가 굴복하며, 승리하신 예수님의 권세가 놀랍게 입증되었습니다.

병 고치는 은사

동일한 위대한 기적이 예수 그리스도의 이름 안에서 병 고치는 은사를 통해 일어납니다. 예수님께서 "병든 사람에게 손을 얹은즉 나으리라"(막 16:18)고 약속하신 대로입니다. 병 고침은 예수님의 공생애 사역과 사도들 및 제자들의 활동에서 두드러지게 나타나는 특징입니다. 그들은 그리스도의 몸의 지체로서 이 사역을 계속 이루어나가도록 위임받았습니다. 예수님께서는 "모든 약한 것을 고치는 권능"을 그들에게 주셨습니다(마 10:1, 10:8, 참고; 눅 9:1-2).

신약 성경은 하나님을 영화롭게 하는 치유의 이야기로 가득합니다. 회당 문에서 고침을 받은 절름발이 이야기에서, "모든 백성이 그 걷는 것과 하나님을 찬송함"을 보았습니다(행 3:9). 많은 사람들이 성령께서 치유하시는 일을 목격한 뒤, 주님께로 돌아왔습니다(행 9:35, 42).

병 고침은 위대한 의사이신 예수님께 주의를 돌리게 합니다. 살아 계신 그리스도로서 그 분의 임재를 느낄 수 있습니다. 그 분께서는 "나는 부활이요 생명이니"(요 11:25)라고 말씀하셨습니다. 예수님의 이름으로 행해진 치료는 생명이신 그분으로부터 계속해서 흘러나오는 신성한 생명의 증거입니다. 그 분은 정신과 영혼을 소생시키기 위해서 뿐만 아니라 병든 자들의 몸을 회복시키고 고치시기 위해서 그의 능력을 전해 주십니다.

그러나 신약의 교회가 늘 육체적 건강을 경험한 것은 아닙니다. 한 때 바울을 도왔던 에바브로디도는 치명적인 병에 걸려 거의 죽게 되었습니다(빌 2:25-30).

어떤 경우에는 병든 자의 회복을 위해 치유의 기적을 사용하지 않기도 했습니다. 바울은 드로비모를 병든 채로 두어야 했었고(딤후 4:20), 디모데에게는 위장병을 위해 자연 치유법을 권장하기도 했습니다(딤전 5:23). 또한 자기 자신은 육체의 가시를 견뎌야만 했습니다(고후 12:7; 갈 4:13-14).

신약의 교회는 병 고침의 기적을 통해서도, 주님에 대한 사랑으로 기꺼이 고통을 감수하고 불평하지 않는 환자의 태도를 통해서도 그리스도가 영광 받으실 수 있다는 것을 보여 주었습니다. 그리스도를 믿는 믿음이 항상 치유의 결과를 낳는다거나, 병이 예외 없이 개인의 죄나 불신에서 비롯된다고 말할 수는 없습니다. 의사의 힘을 빌리는 것을 포기해야 한다거나 약의 효능을 무시해야 한다는 것도 아닙니다(왕하 20:7). 이것이 우리 하늘 아버지의 사랑의 공급입니다.

주님께서 성령을 통해 치유의 은사를 주신 것이 얼마나 큰 축복인지요. 아버지의 자녀로서, 그 분의 영광을 위해 이 은사를 사용해야 하지 않겠습니까?

가르침의 은사

성령의 은사는 교회를 세우고 그리스도의 통치를 세상에 드러내기 위한 것입니다. 성령의 역사를 통해 초대교회의 성도들은 복음을 전하도록 권능을 부여 받았으며, 그들을 성령의 전으로서 세워나가는 데 있어서 가르침은 필수적인 요소였습니다. 베드로나 바울의 가르침에는 이 신성한 권위가 나타났습니다. 그들이 가르친 것은 무엇이었습니까?

고린도에서 가르칠 당시 쓴 글에서, 바울은 예수 그리스도와 그가 십자가에 못 박히신 것 외에는 아무 것도 알지 아니하기로 작정하였다고 기록했습니다(고전 2:2). 바울과 베드로는 예수 그리스도가 우리의 구원과 거룩이시며 우리의 지혜와 의가 되신다고 가르쳤습니다. 그들은 예수 그리스도를 통하지 않고는 아버지께로 올 자가 아무도 없다는 사실을 가르쳤습니다. 그들은 하나님의 사랑과 그 구원의 역사가 펼쳐지고 있음을 가르쳤습니다. 그들은 장차 일어날 일들과 마지막 때와 적그리스도에 대하여 가르쳤습니다. 그들은 그리스도의 재림과, 마지막 심판, 그리고 그리스도의 영원한 통치 앞에 모든 무릎이 꿇어 경배할 것을 가르쳤습니다. 그들은 하늘의 영광과 하늘나라 시민으로서 가치 있는 소명의 삶에 대해 가르쳤습니다.

신약성경의 서신들은 이러한 성령 충만한 가르침의 증거가 됩니다. 그들은 이 가르침이 우리가 사는 방식과 분리될 수 없음을 보여 주었습니다. 이것은 오히려 성령의 권능으로 사는 생명과 회개와 사랑, 제자도와 성화가 흘러넘치는 삶입니다.

성령의 은사를 통해 가르치는 것과 인간적인 가르침에는 커다란 차이가 있습니다. 전자는 인간의 지혜가 아닌 성령에 초점을 맞춥니다. 이 점에서 성령 충만한 가르침은 지혜와 지식, 그리고 깨달음의 은사와 밀접히 연관되어 있습니다. 하나님의 말씀에 감동되어 성경적 진리와 그에 대한 실제적 적용을 효과적으로 전달합니다.

초대 교회에서는 성령의 역사를 통해 사람들이 말씀의 가르침을 잘 받아들였습니다. 말씀은 그들에게 영혼의 양식이며, 영생의 떡이었습니다. 하나님의 말씀을 분명하게 설명해주면, 그들은 마음으로 받아들였습니다. 예루살렘에 있던 성도들은 그것을 대단히 중요하게 여겼습니다. "그들이 사도의 가르침을 받아…" (행 2:42) 다른 곳에서 모였던 회중들에게서도 동일한 모습이 나타납니다. 바울은 후에 고린도 교회에 보낸 편지에서, 교회 안에 "모든 언변과 모든 지식"이 풍족하게 하신 주님께 감사드렸습니다(고전 1:5).

참된 가르침은 성령의 선물이기에 참 교사들은 사역을 위해 임명을 받았습니다. 하나님께서 그들을 지명하셨습니다(고전 12:28). 그런 연유로, 야고보는 신자들에게 이렇게 권고했습니다.

"내 형제들아 너희는 선생 된 우리가 더 큰 심판을 받을 줄 알고 선생이 많이 되지 말라."(약 3:1)

교사들은 다른 사람들에게 미치는 영향력이 크기 때문에 엄청난 책임이 따릅니다. 사람들은 가르침대로 믿고 행동하게 되기 때문에 그들은 사람들을 생명으로 이끌 수도 있고, 파멸로 이끌 수도 있습니다. 예수님의 말씀을 행하며 가르치는 교사들은 하늘에서 크다 일컬음을 받을 것입니다. 하나님의 말씀을 지키도록 가르친 자들은 "궁창의 빛과 같이 빛날 것이요 많은 사람들을 옳은 데로 돌아오게 한 자는 별과 같이 영원토록 빛나리라."(단 12:3) 이와는 대조적으로, 하나님의 거룩하심에 대해 예수님께서 하신 말씀을 희석시킨 사람들은 천국에서 지극히 작다 일컬음을 받을 것이고, 야고보서 3장 1절의 말씀처럼 심판받을 것입니다.

사도 시대에도 교회에 침투해오는 거짓 가르침의 위험이 상당했습니다. 어떤 거짓 교사들은 죄를 과소평가하기도 했습니다. 그들은 어쨌든 그 죄가 용서받을 것이라고 주장했지만; 예수님께서는 이를 십자가 상에서 제하셨습니다(롬 3:7-8; 6:1; 8:1-2). 또 다른 사람들은 신약의 신자들은 하나님의 심판에서 벗어났기 때문에 세상 문화와 섞여 살아도 괜찮다고 말하기도 했습니다(엡 5:6). 그들은 예수님은 사랑이 가득하셔서 대가가 따르는 제자도의 삶을 요구하지 않으셨다고 은근슬쩍 말했습니다. 마음에 내키지 않는 십자가는 회피해 버린 것입니다. 더 이상 예수님을 위한 자기 부인과 희생이 없었습니다. 더 이상 십자가의 길이 그리스도인의 유일한 길이라고 가르치지 않았습니다. 마치 "아무든지 나를 따라오려거든 자기를 부인하고 날마다 제 십자가를 지고 나를 따를 것이니라"(눅 9:23)와 같은 말씀을 결코 예수님께서 하시지 않은 듯합니다. 그러나 십자가의 도(道)를 버린다면, 어떻게 신자가 '그리스도 안'에 있음을 주장할 수 있겠습니까? 예수님께 등을 돌림으로써 그들은 복음의 불명예스런 존재(원수)가 되었고, 주님께 수치를 가져왔으며, 멸망의 길을 따름으로써 스스로에게 큰 화가 미치게 하였습니다(빌 3:18-19).

잘못된 가르침은 그리스도인들로 하여금 궤도를 벗어나 궁극적으로 저주에 이르게 할 수 있기 때문에 사도 바울은 분명하게 말합니다.

"망령되고 헛된 말과 거짓된 지식의 반론을 피함으로 네게 부탁한 것을 지키라. 이것을 따르는 사람들이 있어 믿음에서 벗어났느니라."(딤전 6:20-21)

언쟁하는 것을 비난하면서, 바울은 "주 예수 그리스도의 말씀과 경건에 관한 교훈"을 따를 것을 권고했습니다(딤전 6:3-4). 신약의 교회는 진실한 가르침을 받고 따르는 사람들만 구원받았고 하늘의 영광을 상속받을 것임을 알고 있었습니다.

오늘날도, 그 전쟁은 건전한 가르침을 위한 것이며, 심지어 교회 지도자였을 수도 있는 거짓 교사들에 대항한 것입니다.

"여러분 중에서도 제자들을 끌어 자기를 따르게 하려고 어그러진 말을 하는 사람들이 일어날 줄을 내가 아노라."(행 20:30)

믿는 이들에게 무언가 다른 것을 가르치는 사람들

을 조심할 것을 반복해서 권고하고 있습니다(롬 16:17). 사도들은 거짓 교사들에 대해 경고할 때 완만하게 표현하지 않았습니다. 거짓 교사들의 삶은 자신들의 가르침인 '이기주의와 자기만족'을 반영합니다(벧후 2장; 딤후 3장). 사도들은 교회에서 거짓 교사들의 존재의 위험을 심각하게 여겼습니다. 그들은 그 결과가 얼마나 처참할지 알고 있었습니다. 거짓 가르침은 양심을 죽이고, 삶을 파괴시키며, 믿음을 무너뜨리고, 그들의 가르침을 받는 자들은 영원히 구원을 잃게 됩니다. 요한은 심지어 이렇게까지 말했습니다. "누구든지 이 교훈(예수님께서는 완전한 하나님이시며 완전한 인간이신 분)을 가지지 않고 너희에게 나아가거든 그를 집에 들이지도 말고 인사도 하지 말라."(요이 10절)

시대를 막론하고, 교사의 지위에 있는 사람들은 막중한 책임을 지고 있습니다. 그들은 가르침의 은사, 성령의 영감이 필요합니다. 사도들과 함께 이렇게 말할 수 있기 위해서······.

"우리가 이것을 말하거니와 사람의 지혜가 가르친 말로 아니하고 오직 성령께서 가르치신 것으로 하니 영적인 일은 영적인 것으로 분별하느니라."(고전 2:13)

영분별의 은사

교회는 거짓 가르침에 의해서뿐만 아니라 영적 은사들을 잘못 사용함으로 인해서도 위험에 처했습니다. 거짓을 말하는 예언자와 가짜 사도들이 존재하게 되면서 분별의 은사는 교회에서 필수적인 은사가 되었습니다. 분별의 은사는 신자들이 "경건의 모양은 있으나 경건의 능력은 부인하는"자들을 간파할 수 있도록 도와줍니다(딤후 3:5). 이 은사는 영적 진단을 가능하게 하며, 가장 내적인 동기를 알아차리게 해 주고, 하나님께로부터 온 것과 인간의 생각에서 나온 것 또는 사탄에게서 온 것을 구분할 수 있게 합니다.

신약의 교회에서 지도자들이 가장 심각하게 제기했던 문제는 양의 탈을 쓴 이리들이 그리스도의 몸 안에 침범하여 혼란과 파괴를 일으킨다는 것이었습니다. 그들은 하나님의 사도로 가장하고 종교적인 말을 했기 때문에(고후 11:13-15), 아래로부터 오는 것으로 인식되지 않았기 때문입니다. 그들은 아무런 저항도 받지 않고, 무분별하게 교회를 멸망의 길로 이끌었습니다.

혼란이 있는 곳에는 분별의 은사를 가진 사람들이 나서야 할 의무가 있었습니다. 이것은 바울의 서신과 사도행전에 기록된 그의 만남에서 분명하게 나타납니다. 일례로 바울은, '성령이 충만하여' 거짓 선지자 엘루마를 '마귀의 자식'이라고 맹렬히 비난했습니다(행 13:9-10). 빌립보에서 바울은 점치는 귀신들린 여종의 아첨과 그럴듯해 보이는 경건을 가장한 말에 넘어가지 않았습니다. 바울은 그 여인을 조종하는 귀신의 존재를 폭로하고, 그녀에게서 나올 것을 귀신에게 명하였습니다(행 16:16-18).

영분별의 은사를 통해 사도들은 하나님으로부터 온 말씀과 그렇지 않은 것을 분별할 수 있었습니다. 빌립보에 있던 여종이 했던 말이 예언이 아니라 귀신이 점치는 것이었음을 바울에게 알게 했던 것도 이 '분별의 은사'였습니다. 바울이 잘 알고 있었던 것처럼, 사탄은 단지 왜곡시킬 뿐입니다. 모든 영적 은사는 사탄에 의해 왜곡되고 변질될 수 있습니다. 같은 맥락에서, 요한은 그의 서신에서 경고했습니다.

"사랑하는 자들아. 영을 다 믿지 말고 오직 영들이 하나님께 속하였나 분별하라."(요일 4:1)

영분별의 은사는 악한 영만 분별하는 것이 아니

라 영적 은사를 성령 한 분에만 이끌리어 사용하는지 아니면 인간적인 속성이 슬며시 끼어드는지도 드러냅니다. 예를 들면, 바울은 두로에 있는 제자들이 '성령의 감동으로' 바울더러 예루살렘에 들어가지 말라고 하였을 때, 이 은사를 발휘하여 그들의 충고에 따르지 않기로 결정하였습니다. 환난이 기다리고 있다는 사실은 성령으로부터 온 것이었지만, 바울이 그의 여행을 중단해야 한다는 사람들의 가정은 성령의 생각이 아니었습니다. 뒤이어 가이사랴에서 있었던 사건도 이것이 옳음을 증명합니다. 아가보는 바울의 띠를 가져다가 연기하면서 바울 사도가 결박될 것을 예언합니다(행 21:10-11). 그 곳에 있던 그리스도인들도 바울에게 예루살렘으로 가지 말 것을 간청합니다. 그러나 바울은 결정을 바꾸지 않았고 마침내 그들은 자신들의 생각을 내려놓고 바울에게 동의하였습니다: "주의 뜻대로 이루어지이다 하고 그쳤노라."(행 21:14)

바울은 말씀의 산 증거였습니다. "신령한 자는 모든 것을 판단하나…"(고전 2:15) 성령으로 충만하지 않은 자들은 잘못된 판단을 내립니다. 그들은 인간의 본성과 하나님의 영을 구별하지 못합니다. 여전히 육적인 것의 지배를 받고 있기 때문입니다.

사도 바울은 자아가 영적 은사에 방해가 될 수 있음을 알았습니다. 자아가 강한 사람은 주목 받는 것을 좋아합니다. 이런 연유로 바울은 데살로니가 사람들에게 예언을 시험해보라고 한 것입니다. 그렇지만, 예언 자체를 금한 것은 아니었습니다. 오히려 예언을 멸시하지 말라고 주의를 주었습니다(살전 5:20). 신약의 교회는 그 출발에서부터 영적 공격을 받기 쉬웠고, 여러 다른 영향력들에 노출된 상태였습니다. 영적 교만에 빠질 가능성이 있었습니다. 그렇기에 영을 분별하는 은사는 미성숙한 교회에 큰 유익이 되었습니다.

권위(勸慰), 격려와 목양의 은사

성령께서는 그리스도인들이 사랑 안에서 서로를 세워갈 수 있도록 은사를 통해 일하십니다. 그렇기 때문에 바울은 디모데에게 은사를 사용하도록 충고하고 격려하였습니다.

"하나님 앞과 그리스도 예수 앞에서 엄히 명하노

니… 범사에 오래 참음과 가르침으로 경책하며 경계하며 권하라."(딤후 4:1-2)

그는 로마사람들에게 이렇게 전했습니다.

"우리에게 주신 은혜대로 받은 은사가 각각 다르니… 위로하는 자면 위로하는 일로… 할 것이니라."(롬 12:6-8)

바울은 이 권위의 사역을 매우 중요하게 받아들였습니다.

"우리가 하나님과 함께 일하는 자로서 너희를 권하노니 하나님의 은혜를 헛되이 받지 말라."(고후 6:1)

문제점을 분명하게 지적하고 있습니다.

"형제들아 내가 우리 주 예수 그리스도의 이름으로 너희를 권하노니 모두가 같은 말을 하고 너희 가운데 분쟁이 없이 같은 마음과 같은 뜻으로 온전히 합하라."(고전 1:10)

"내가 유오디아를 권하고 순두게를 권하노니 주 안에서 같은 마음을 품으라."(빌 4:2)

권위는 격려를 포함합니다. 바울은 데살로니가 사람들에게 이렇게 썼습니다.

"누가 이 편지에 한 우리 말을 순종하지 아니하거든 그 사람을 지목하여 사귀지 말고 그로 하여금 부끄

럽게 하라. 그러나 원수와 같이 생각하지 말고 형제 같이 권면하라."(살후 3:14-15)

교회 규율의 경우, 바울은 죄를 지은 사람에 관해서 이렇게 말하였습니다.

"이러한 사람은 많은 사람에게서 벌 받는 것이 마땅하도다. 그런즉 너희는 차라리 그를 용서하고 위로할 것이니 그가 너무 많은 근심에 잠길까 두려워하노라 그러므로 너희를 권하노니 사랑을 그들에게 나타내라."(고후 2:6-8)

바울이 썼듯이, 그의 책망은 아버지와 같은 사랑에서 비롯된 것이었습니다.

"너희도 아는 바와 같이 우리가 너희 각 사람에게 아버지가 자기 자녀에게 하듯 권면하고 위로하고 경계하노니 이는 너희를 부르사 자기 나라와 영광에 이르게 하시는 하나님께 합당히 행하게 하려 함이라."(살전 2:11-12)

바울은 스스로 많은 분쟁과 아픔을 지닌 사람이었기에, 다른 사람들을 책망하고 또 위로하는 일에 적합한 사람이었습니다. 그는 '자비의 아버지시요 모든 위로의 하나님'(고후 1:3)이신 하늘 아버지의 훈계하심과 위로하심 모두를 잘 알고 있었습니다. 바울은 고린도에 있는 사람들에게 이렇게 썼습니다.

"우리의 모든 환난 중에서 우리를 위로하사 우리로 하여금 하나님께 받는 위로로써 모든 환난 중에 있는 자들을 능히 위로하게 하시는 이시로다."(고후 1:4)

바울은 죄인이었고, 이전에 교회를 박해했던 자였습니다. 용서의 은혜를 경험한 뒤, 그는 예수 그리스도께서 죄를 용서하신다는 확신을 가지고 다른 사람들을 위로할 수 있게 되었습니다. 또한 수많은 고통을 겪으면서, 그는 무엇이 도움과 위로를 줄 수 있는지 알았고, 이것을 다른 사람들과 나눌 수 있었습니다.

그래서 이 은사를 발휘하기 위해서는 하나님께서 우리의 삶 속에서 다루시는 직접적인 경험이 필요합니다. 만약 우리가 아버지의 사랑을 신뢰하는 법을 배웠다면, 다른 사람들이 그 분을 신뢰하도록 도와줄 수 있습니다. 만약 우리가 죄 사함과 용서를 받았다면, 다른 이들을 십자가로 이끌 수 있을 것입니다. 만약 하나님의 정의로운 분노와 죄의 참상을 대면하는 것이 어떤 의미인지 안다면, 그리고 예수님의 보혈로 자유하게 되는 것이 무엇인지 안다면, 우리는 다른 사람들을 위로할 능력을 갖추게 될 것입니다. 우리가 죄와 죄의 결과를 심각하게 받아들인다면, 다른 이들에게 도전하고 회개를 촉구하는 용기를 가지게 될 것입니다. 우리의 말이 진심으로 느껴질 것입니다.

권위의 은사는 사랑과 이해를 포함합니다. 다른 사람들에 대한 연민과 죄를 깨닫게 하고 죄를 끊도록 촉구하는 확고함이 모두 필요합니다. 이것은 그리스도의 몸을 위해 가장 중요한 영적 은사입니다.

구제와 봉사의 은사

성령과 그의 은사들을 통해 복음이 선포되고 하나님의 나라가 실현되는 일에는 구제와 봉사의 은사 또한 필요했습니다. 사도들은 봉사를 매우 중요하게 생각했기에 이 사역을 위해 성령의 특별한 부르심을 받은 집사들을 임명하였습니다. 사도행전 6장에는 특별히 여러 방면에서 실제적인 면에서 그리스도의 몸을 섬겼던, 이 성령 충만한 사람들에 대해 이야기하고 있습니다(롬 12:7). 우리는 하나님께서 어떻게 '돕는 (봉사하는) 자'들을 따로 구분하셨는지 보게 됩니다(고전

12:28). 신약의 교회에서 그들의 역할은 필요할 때마다 도움의 손길을 내미는 것이었습니다.

돕는 자들은 성령의 통제 아래 사랑의 영 안에서 섬겼고, 성령께서는 그들이 적절한 시기에 적절한 방법으로 헌신하게 하셨습니다. 그들은 실제적인 방법과 은사를 통해 도움을 제공하면서 말씀과 기도로 영적인 지원도 하였습니다. 예를 들어, 뵈뵈라는 자매는 바울로부터 "그가 여러 사람과 나의 보호자가 되었음이라"(롬 16:2)는 따뜻한 칭찬을 들었습니다. 바울이 썼듯, 성령의 인도하심 아래 개인의 소유를 함께 공유하는 일도 일어났습니다. "구제하는 자는 성실함으로…"(롬 12:8, 고전 13:3참고) 보상이나 인정을 기대하지 않는 '성실함'을 강조하고 있습니다. 이는 오직 주님을 위한 것이며, 그리고 성도들을 위한 것입니다.

이 구제와 봉사의 은사를 받은 사람들을 위한 말씀입니다: "긍휼히 여기는 자는 복이 있나니 그들이 긍휼히 여김을 받을 것임이요."(마 5:7)

다스리는 은사

인간 몸의 여러 가지 기능이 잘 이루어지기 위해서는 지휘와 통제가 필요한 것처럼, 그리스도의 지체 안에 있는 여러 은사들도 그러합니다. 궁극적으로 통제하는 것은 교회의 머리이신 예수님이시지만, 그분은 삶 속에서 각기 다른 역할을 맡기기 위해 우리를 부르셨습니다. 신도들은 교회를 감독하도록 임명된 지도자의 권위 아래 있습니다. 성경에서는 특별히 지도자로서 부르심을 받은 사람들이 있다고 이야기합니다(롬 12:8, 고전 12:28). 베드로는 양 떼의 목자에 대해 언급했습니다(벧전 5장). 바울은 무리를 돌보도록 임명받은 감독에 대해 언급합니다(딤전 3장; 딛 1장). 그리고 그들에게 이렇게 당부했습니다.

"여러분은 자기를 위하여 또는 온 양 떼를 위하여 삼가라 성령이 그들 가운데 여러분을 감독자로 삼고 하나님이 자기 피로 사신 교회를 보살피게 하셨느니라."(행 20:28)

지도자의 은사는 이 일을 위해 성령께서 주신 은

혜로운 선물입니다. 그리스어(kybernesis)로는 배를 조종하는 기술을 의미합니다. 이 영적 은사는 크고 작은 집단의 사람들을 인도하는 능력을 말하는데, 진로를 결정하는 사람이 바로 지도자이며 목자이기 때문입니다. 지도자들은 배의 조타수처럼 바위와 모래톱 사이에서 최종 목적지인 하나님의 나라까지 교회를 안전하게 이끌 수 있어야 합니다. 그들은 교회의 머리이신 그리스도와 생명의 관계를 유지하도록 돌봐야 합니다. 그것은 생명의 말씀으로 올바른 가르침을 받아 양분을 공급받고, 예수님을 향한 사랑의 불꽃이 계속 타오르도록 하며, 제자도를 향한 행보가 중단되지 않도록 하는 것입니다. 그들은 교회 안에서 서로 돕고 봉사하는 일을 장려합니다. 그들은 반드시 성령의 은사가 올바르게 행사되고, 교회 안의 생명이 성령의 지도 아래 성장하도록 조치를 취합니다.

지도자의 직분과 더불어 하나님께서는 성령 충만한 사람들에게 목양을 위한 소질을 주시어, 양떼를 지혜롭고 겸손하게, 사랑으로 돌보신 '목자장'(벧전 5:4)의 본을 따르게 하십니다. 이런 연유로 베드로는 목자들에게 맡겨진 양떼를 교만하게 지배하지 말라고 당부합니다(벧전 5:3). 우리의 좋은 목자이신 예수님께서는 스스로 말씀하시기를 '섬기는 자'로 우리 중에 계신다고 하셨습니다(눅 22:27).

지도자의 역할이 성령의 은사로서 행사될 때, 독재나 강압은 없게 될 것입니다. 자발성을 억제하지 않을 것입니다. 항상 방향을 제시하는 사람이 있어 교회 전체가 영적 은사를 지닌 살아 있는 유기체로서 기능하고 성장할 수 있게 될 것입니다. 교회는 예수님과 성령에 감동되어 무리를 진정으로 책임질 목자, 지도자, 감독자가 필요합니다. 이러한 자질을 가진 지도자가 없다면, 교회는 무질서와 분열, 거짓 가르침과 불균형과 같은 온갖 위험에 처하게 될 것입니다. 교회의 지도자나 은사자 그룹은 영적인 잘못과 무질서 또는 죄악에 대해, 비록 반감을 사게 될지라도 단호히 맞설 용기가 필요합니다(계 2:2, 9).

성령 충만한 지도력은 꼭 필요합니다. 예루살렘의 사도 회의가 좋은 예입니다. 당시 유대인과 이방 그리스도인들은 완전히 분열될 위기에 놓였습니다. 영적 분별력이 있는 야고보 덕분에 분열을 피할 수 있었습니다. 성령과 그들은 '이 요긴한 것들'에 대해 만장일치로 합의하였습니다(행 15:28). 반면에, 더 이상 성령의 은사로서 행사되지 않는 지도력은 인간의 노력이나 세력 확장이라는 처참한 결과를 초래하게 됩니다.

성령은 기능과 은사가 동시에 역사하여 사랑이신 하나님의 통치를 나타내는 살아 있는 교회를 보기 원하십니다. 은사는 조직적인 교회 생활 안에서 종종 지도력의 책임을 불러일으킵니다. 은사를 발휘하며 제대로 기능을 수행하기 위해서는 성령으로부터 부여받은 권능이 필수적입니다. 슬프게도, 교회 역사 속에서 기능과 은사는 분쟁과 분열을 초래하며, 나뉘는 경향이 있었습니다. 성령 충만한 지도력과 목회적 돌봄 안에서 연합되었을 때, 결과는 축복 그 자체였습니다. 지도자들에게는 교회 안에서 그들의 영향력으로 인해 막중한 책임이 주어집니다. 바울이 교회 지도자들을 존중하고 공경하라고 했던 것도 이 때문입니다(딤전 5:17).

"형제들아 우리가 너희에게 구하노니 너희 가운데서 수고하고 주 안에서 너희를 다스리며 권하는 자들을 너희가 알고 그들의 역사로 말미암아 사랑 안에서 가장 귀히 여기며 너희끼리 화목하라."(살전 5:12-13)

방언의 은사

방언의 은사는 이전의 은사들과는 달리 다른 사람들보다는 하나님 자신과 연관되어 있습니다. 예수님께서는 이렇게 말씀하셨습니다.

"…그들이 내 이름으로… 새 방언을 말하며"(막 16:17)

틀림없이 바울은 이 은사를 지나치게 강조하는 것을 경고해야만 했습니다. 그것은 하나님의 영광을 위해 사용되어야지, 영적 교만을 품는 구실을 제공하거나 과시하기 위한 것이 아니기 때문입니다. 그러나 그는 또 이렇게 썼습니다.

"내가 너희 모든 사람보다 방언을 더 말하므로 하나님께 감사하노라."(고전 14:18)

대체 어떤 의미로 이런 말을 했을까요? 이 은사는 그리스도인의 영적 삶을 풍성하게 합니다. 성령께서 우리 안에서 우리가 알지 못하는 다른 언어로 기도하실 때, 우리가 바로 성령께서 거하시고 그의 권위를 지닌 성령의 전이라는 사실이 명확해집니다.

방언의 은사를 전문용어로 'glossolalia'라고 하는데, '혀' 또는 '말'이라는 뜻의 그리스어 'glossa'와 '말하다'라는 뜻의 'lalein'이 결합된 말에서 유래되었습니다. '방언은 오순절에 임했던 기적과 비슷한 말과 언어의 기적, 글의 경이로움, 예배의 기적을 나타냅니다.'[주10]

후에 성령을 받은 사람들이 그러했듯이, 오순절에 모인 사도들도 각기 다른 방언으로 말했습니다. 고넬료의 친척과 친구들이 방언으로 기도할 때, 이것이 성령을 받은 증거로 간주되었습니다. 심지어 베드로는 제자들이 오순절에 받았던 것과 똑같이 그들도 성령을 받았다고 공표합니다(행 10:47). 신약 시대에는 방언을 말하는 것과 성령 부으심이 함께 나타난 것으로 보입니다.

영으로 찬송하는 것(고전 14:15)은 성령으로 기도하는 일과 밀접한 관련을 맺고 있는데, 이는 초대 교회에서 예배를 더욱 풍성하게 만드는 중요한 역할을 담당했습니다. '이 땅에서의 예배가 천국에서 드리는 예배의 그림자인 것처럼, 이 은사의 근원지는 천국이라고 생각되었습니다. 방언으로 인해 말씀과 음악 모두 감동이 충만했습니다. 틀림없이 방언이 풍성한 예배의 원천이라고 봅니다.'[주11] 그것이 기도든 찬송이든, 영으로 예배하는 것은 하나님을 경배하고 영화롭게 합니다.

보통 '방언 통역'으로 알려진 성령의 은사가 함께 나타났기 때문에 기도와 찬양 가운데 하나님의 영이 역사하신 것을 모든 사람이 함께 나눌 수 있습니다. 통역의 은사를 받은 사람은 방언에 대한 지식이 전혀 없이 통역합니다. 실제로 통역은 본인이 알지 못하는 방언으로 기도하거나 찬송하면서 계시를 통해 받거나(고전 14:5, 13), 그 자리에 있는 다른 사람이 받는 경우가 많습니다(고전 12:10, 30; 14:26). 통역을 하여 다른 사람과 나눌 수 있는 솔직하고 자연스러운 기도는 교회의 덕이 됩니다.

방언의 은사는 더 많은 축복을 가져옵니다. '방언을 말하는 자는 자기의 덕을 세웁니다(고전 14:4). 방언을 말하는 자는 생명의 근원이신 하나님께 연결되고, 그 관계를 더욱 굳건하게 합니다. 무한하신 하나님께 의지하여 계속해서 변화되고 영적으로 새로워지며, 그 관계를 더욱 발전시킵니다. 그들은 하나님의 아들이신 그리스도를 주로 모시며, 그분의 자녀가 된 기쁨을 누립니다.'[주12] 바울은 우리가 방언으로 기도하고 찬송할 때 '영으로 비밀을 말한다'고 하였습니다(고전 14:2). 전심을 다해, 하나님의 임재를 사모하며, 그를 경배해야 합니다. 바울이 공연히 이 말을 한 것이 아닙니다.

"여러분이 모두 방언으로 말할 수 있기를 내가 바랍니다."(고전 14:5, 새번역)

성령께서 '그의 뜻대로' 은사를 나누어주시며
교회 안에 다양한 가능성을 열어 두셨습니다.
우리는 이미 받은 은사로 섬길 뿐만 아니라,
그의 창조적 능력 안에서
다양한 은사를 필요에 따라
우리에게 공급해 주시는 분 역시 성령이십니다.
상황이 변함에 따라 주시는 은사도 달라집니다.
어느 경우든지,
은사는 다른 사람들을 섬기고 연합하여
그리스도의 몸을 세우는
공동의 유익을 위해 존재합니다.
예수님과 이웃에 대한 사랑은
진정한 영적 은사를 사용함에 있어
유일한 기준이 됩니다.

5
영적 은사 – 부담과 축복

"무릇 많이 받은 자에게는 많이 요구할 것이요
많이 맡은 자에게는 많이 달라 할 것이니라."
(눅 12:48)

신약교회에서 성령의 은사는 분명히 기쁨이자 축복이었습니다. 그러나 고통과 아픔도 있었습니다. 하나님의 영이 활발히 역사하시는 곳마다 적개심과 박해, 비방이 일어납니다. 사탄은 자신의 영토가 침략당하고 많은 영혼이 자신들의 영향력으로부터 벗어나는 것에 대해 분개합니다. 사탄은 더 많은 손실을 막기 위해서 맞대응했습니다. 그가 가장 싫어하는 것은 하나님의 나라가 승리에 승리를 거두는 것입니다.

그래서 사탄은 가장 강력한 무기를 내세웁니다. 그의 전략은 항상 동일합니다. 스데반의 죄명은 신성모독이었습니다.

"이 사람이 모세와 하나님을 모독하는 말을 하는

것을 우리가 들었노라."(행 6:11)

성령의 권능으로 귀신을 쫓아내신 예수님도 동일한 죄로 고발당하셨습니다. 종교 지도자들의 시기 때문에 예수님께서 처형당하신 것을 우리는 알고 있습니다(마 27:18). 스데반과 사도들이 체포를 당한 것도 시기 때문이었습니다(행 5:17-18; 6:8-10). 지금까지도 성령 충만한 신자들은 동일한 이유로 그리스도 안의 같은 형제자매들로부터 공격을 받습니다. 그들은 자신들의 경험을 벗어난 것들에 대해 이야기하면 위협을 느낍니다. 우리는 스데반뿐만 아니라 베드로, 요한 및 다른 제자들과 바울의 삶을 통해 성령의 권능을 받은 사람은 그리스도의 고난에 동참한다는 것을 알 수 있습니다. '성령의 은사를 소유한 사람들만큼 죽임 당하신 어린양을 닮은 사람이 누구일까요? 그들은 당대 사람들에게 비방당하고 오해받으며, 조롱당하고, 배척당하고 심지어 이단자 취급을 받아 죽임 당했으나, 후대에 존경을 받았습니다.'[주13]

예언적 통찰력을 지닌 성령 충만한 사람들이 하나님의 마음을 선포할 때에는 반대에 부딪치게 되어 있습니다. 이런 예는 성경에서 얼마든지 찾아볼 수 있습니다. 그들의 훈계와 권고를 통해 죄가 드러나고, 하나님의 영광과 능력이 나타났습니다. 이런 이유로 그러한 선지자들은 괄시와 냉대를 받았습니다. 예언의 목소리는 모든 시대에 미움을 받았습니다. 그러나 성령의 은사로 인해 따라오는 축복은 박해나 순교 자체보다도 더 큽니다. 스데반처럼, 고통 받는 사람들은 하나님의 영광과 천국 문이 열리는 것을 보게 됩니다.

축복과 고통은 병 고침, 믿음, 방언, 또는 기적 행함과 같은 다른 성령의 은사에서도 함께 나타납니다. 절망 중에서 하나님께 간곡히 기도했음에도 불구하고, 병 고침의 은사가 있었던 바울은 자신의 병은 고치지 못했습니다(고후 12:7-9; 갈 4:13-14). 중병에 걸린 동역자 드로비모를 두고 떠나는 어려운 결정을 내려야 했을 때도 있었습니다(딤후 4:20). 특히 성령의 은사가 기대했던 것과 다른 결과를 낳을 때, 실망감은 더욱 큽니다. 이것은 성령의 은사를 받은 사람들이 겪는 시험 중에 하나입니다. 은사를 올바로 사용하는 것은 무거운 책임입니다. 그것은 끊임없이 하나님의 뜻에 복종하고, 맡겨 주신 은사로 하나님이 원하는 대로 하시도록 내어드리는 것을 의미합니다.

하나님께서는 과거에 바울을 통해 기적을 행하셨지만, 그는 가장 힘들었던 몇몇 상황에서 일이 다르게 진행된다는 것을 알았습니다. 보호받고 구원받는 대신, 그는 매 맞고, 돌에 맞고, 난파당하는 고통을 겪었습니다. 그가 믿음의 은사를 소유하고 하나님의 인도에 대해서 찾아보기 어려울 정도로 분명한 확신을 가졌다는 것은 의심할 여지가 없습니다. 거대한 풍랑을 만나 망망대해에서 며칠을 지내던 그는 확신을 갖게 되었습니다.

"하나님께서 너와 함께 항해하는 자를 다 네게 주셨다."(행 27:24)

그러나 이 확신이 오기 전, 그가 견뎌낸 고통스러운 의심을 우리는 다만 짐작할 수 있을 뿐입니다. 믿음의 은사를 지닌 모든 사람은 응답이 없는 것처럼 보이는 어두운 시기를 겪어야만 합니다. 이러한 시기에 하나님께서 개입하셔서 도우실 때까지 믿는다는 것은 끊임없는 투쟁과 같습니다.

용기를 가지는 것은 무언가를 잃을 위험을 감수하는 것입니다. 희망을 가지는 것은 실망을 감수하는 것입니다. 물론 궁극적으로 하나님께서는 누구도 실망시키지 않으십니다. 제자들과 사도들은 위험을 무릅쓰는 사람들이었습니다. 그들은 믿음 안에서 새로운 일을 향해 나아갈 용기가 있었습니다. 그들은 성령의 은사를 받고 그 분의 도구가 되어 성령님께 기꺼이 복종했습니다. 내적 갈등이 일어날 때면, 하나님은 실망시키는 분이 아니라는 것을 기억했습니다. 한 예로 바울이 병을 고침 받지 못해 크게 실망했을 때, 그는 성령에게서 훨씬 더 좋은 것을 받았습니다. 그는 우리가 약할 때 하나님의 능력이 가장 풍성하게 나타남을 계속해서 간증했습니다(고후 12:9).

예언과 기적을 행하는 것이 사도들에게 시련과 유혹, 박해를 가져왔다면, 방언을 말하는 것은 비방을 가져왔습니다. 다른 성령의 은사들처럼 사람들을 분리시켰습니다. 방언은 언어의 기적입니다. 이성적으로 설명될 수 없기에, 방언을 하는 사람들은 그것을 어떻게 받아들여야할지 모르는 사람들에게 조롱당했습니다. 성령의 새 언어는 인간능력을 벗어낫다는 이유로 모욕을 당했습니다. 아마 성령이 강림하신 오순절이 경멸과 조롱을 당한 유일한 날은 아닐 것입니다. 제자들이 각기 다른 방언으로 말하는 것을 들은 사람들에 의해 말들이 삽시간에 예루살렘과 전국으로 퍼졌을 것입니다. "그들이 새 술에 취하였다."(행 2:13)

방언의 은사는 제자들에게만 제한되지 않고, 예루살렘과 다른 곳에 있는 모든 성도들에게 허락되었습니다. 시몬이 사도들의 안수로 성령 받는 것을 본 사마리아(행 8:18)와 가이사랴(행 10:46), 에베소(행 19:1-6)와 고린도에서 일어난 사건이 이에 해당될 것입니다. 고린도에 있는 신자들이 받았을 오해와 조롱이 바울의 말 속에 암시되어 있습니다(고전14:22-23).

초기 그리스도인들의 모임은 유대인과 이방인들 모두에게 열려 있었는데, 그들은 믿는 자들이 방언을 말할 때 가끔씩 참석하곤 했습니다. 바울은 고린도사람들에게 그가 다른 사람보다 방언 기도를 더 많이 한다고 썼습니다(고전 14:18). 참석자 가운데 통역의 은사를 받은 사람이 있을 때는 공개적으로 통역을 했을 것이고, 아마 이런 현상에 익숙하지 않은 사람들의 조롱을 받았을 것입니다.

방언의 은사는 인간의 영혼과 성령 사이에 충돌을 가져옵니다. 인간의 영은 천성적으로 하나님께 속한 것들을 반대하는데, 우리가 하나님의 영과 친밀하지 않으면 그 분의 것을 이해하기가 어렵기 때문입니다. 우리는 이해할 수 없는 것은 반대합니다. 성령의 능력으로 방언을 말하는 것은 인간의 이성에, 심지어 믿는 자들에게도 역행합니다. 인간의 지혜는 논리로 설명할 수 없는 것들은 어리석어 보인다며 거부합니다. 우리는 은사를 주신 하나님보다 우리 자신이 더 지혜롭다고 생각합니다. '방언기도가 해석이 필요하다면, 왜 애초부터 이해할 수 있는 언어로 기도하지 않는가?'라는 논쟁도 있습니다. 그러나 그렇게 되면 방언의 은사를 통해 형언할 수 없는 것을 표현할 수 있는 특별한 기회를 놓치게 됩니다. 통역은 반드시 문자적으로 정확할 필요는 없으나 메시지를 분명히 드러내 주어야 합니다. 통역은 우리가 표현할 수 있는 능력 이상의 어떤 것에 대한 단서를 제공합니다.

바울의 설교에서 반복적으로 나타나는 주제는 "하나님의 어리석음이 사람보다 지혜롭다"(고전 1:25)는 것이고, 이는 방언의 은사에도 해당됩니다. 하나님의 영에서 비롯된 것에는 비록 인간의 이해를 초월한다 해도, 최고의 지혜가 들어 있습니다. 방언을 말하는 것은 비밀을 말하는 것과 같습니다(고전 14:2). 그래서 바울은 "방언 말하기를 금하지 말라"(고전 14:39)고 조언합니다.

마찬가지로 영분별의 은사도 특별한 도움과 이끄심의 원천일 뿐만 아니라 막중한 책임감이 따르는 은사이기도 합니다. 예수님께서는 일곱 교회를 향한 말씀에서 에베소 교회의 지도자를 칭찬하십니다. "자칭

사도라 하되 아닌 자들을 시험하여 그의 거짓된 것을 네가 드러낸 것과"(계 2:2) 잘못된 내용을 가르치거나 이중적인 생활을 하는 사람들은 겸손의 영 안에서 깨달아야 합니다.

"형제들아 사람이 만일 무슨 범죄한 일이 드러나거든 신령한 너희는 온유한 심령으로 그러한 자를 바로잡고 너 자신을 살펴보아 너도 시험을 받을까 두려워하라."(갈 6:1)

우리는 사랑 안에서 진리를 말해야 합니다(엡 4:15). 이것은 항상 믿음의 지체들을 정결케 하고 걸러내는 효과가 있습니다. 바울은 "경건의 모양은 있으나 경건의 능력은 부인하는" 자들에게서 돌아서라고 경고합니다(딤후 3:5).

영적 분별력을 지닌 사람들은 주님을 위해서 진리를 위해서, 평지풍파를 일으켰다는 지탄을 받고 반발의 위험을 무릅써야 할지라도 옳은 것을 위해 당당히 맞서야 합니다.

분별의 은사가 요구하는 것이 경고의 말 한 마디에 지나지 않을 때에도, 여전히 부담이 되는 것이 사실입니다. 분별력과 통찰력을 지닌 바울은 베드로가 타협한 것을 알았을 때, 베드로와 공개적으로 맞서야 하는 불편한 임무를 맡았습니다(갈 2:14). 가장 마지막으로 사도에 들어간 사람이 바울이었던 것을 생각해 볼 때, 교회의 기둥인 베드로를 책망하는 것은 용기가 필요한 일이었습니다. 그는 믿는 자들 사이에서의 평판뿐만 아니라 베드로의 존경과 총애를 잃는 위험을 감수했습니다. 그러나 그는 자신이 말한 원칙을 따랐습니다.

"내가 사람들에게 좋게 하랴 하나님께 좋게 하랴 사람들에게 기쁨을 구하랴 내가 지금까지 사람들의 기쁨을 구하였다면 그리스도의 종이 아니니라."(갈 1:10)

오순절을 경험한 제자들과 바울에게 성령과 그 분의 은사는 거룩한 것이었습니다. 고통이나 영적 은사의 결과로 불거진 논쟁 때문에 그들의 믿음이 흔들릴 수는 없었습니다. 예수님께서는 돌아가시기 전, 제자들에게 성령의 오심에 대해 말씀하셨습니다.

"…너희는 그를 아나니 그는 너희와 함께 거하심이요 또 너희 속에 계시겠음이라."(요 14:17)

이제 성령께서 그들 안에 계시기 때문에, 그들은 성령께서 상담자요 위로자요 높은 곳에서 오신 능력이심을 알았습니다. 그렇게 대단한 손님을 어떻게 그들의 삶에서 몰아낼 수 있겠습니까? 주님께서는 성령이 그들 안에 계시며, 그들과 함께 영원히 머물 것이라고 선포하셨습니다. 은사를 지닌 성령은 그들의 거룩한 유산이었습니다. 성령을 위해서라면, 그들은 고통과 모욕을 견딜 준비가 되어 있었습니다.

6
성령의 권능을 받은 자들의 비밀

"…사랑이 없으면 내가 아무것도 아니요"
(고전 13:2)
"사랑을 추구하며 신령한 것들을 사모하되…"
(고전 14:1)

성령의 권능을 받은 사람들의 비밀은 무엇일까요? 하나님을 위해 사는 삶과 은사가 일체화 되면 은사가 제대로 다루어지게 됩니다. 올바른 행위, 올바른 자세, 올바른 적용은 분리될 수 없습니다. 이 점은 매우 중요합니다. 은사는 받은 사람의 행위와 관계없이 때때로 받아들여집니다. 그러나 우리가 사도행전에서 보는 것처럼, 바울은 그렇게 가르치지 않았습니다. 강조점을 바꾸면 성경의 근본 원리를 버리게 됩니다.

그렇다면 성경에서 말하는, 항상 성령의 은사와 동반되어야 할 행동은 무엇일까요? 성령의 기름부음과 권능을 받은 사람들을 살펴봅시다. 베드로는 예수님을 부인하고 나서 통곡했습니다. 바울은 하나님의 교회를 핍박했던 것을 깊이 회개했습니다. 이 두 사람 모두에게 있어서 깊은 뉘우침과 상한 심령이 성령과 그분의 은사를 받을 수 있었던 비결이었습니다. 그래서 베드로가 그의 첫 번째 설교에서 회개를 촉구했던 것입니다(행 2:38). 사도들은 참회하는 마음을 기반으로 할 때에만 새로 세워진 교회에서 은사가 올바로 사용될 수 있다는 것을 알았습니다.

바울 서신을 보면, 계속적인 성령의 채우심을 경험하고 은사를 통해 풍성한 결실 맺는 사역을 하려면 한 번의 회개로는 부족하다는 것을 알 수 있습니다. 깊이 뉘우치는 자세는 평생 동안 지속되어야 합니다. 바울은 계속해서 자신을 '죄인 중의 괴수'로 여겼습니다. 회심 후 몇 년이 흐른 뒤, 바울은 자신이 교회를 박해했기 때문에 사도가 될 자격이 없다고 썼습니다(고전 15:9).

교회나 성도가 회개를 한다는 것은 죄를 심각하게 받아들인다는 뜻입니다. 그럴 때 우리는 하나님의 거룩한 임재 안에 거하게 됩니다. 사도행전과 교회에 보낸 서신들이 이것을 증명하고 있습니다. 계속해서 죄가 드러나고, 회개를 하게 되면서 영적으로 새로운 삶을 살게 되었습니다. 그래서 바울은 이렇게 말합니다.

"하나님의 뜻대로 하는 근심은 후회할 것이 없는 구원에 이르게 하는 회개를 이루는 것이요."(고후 7:10)

그렇지 않으면 교회가 살아남을 수 없기 때문에, 죄를 드러내고 단호하게 다루었습니다.

금송아지를 숭배하는 모습을 보았을 때 타오른 모세의 의로운 분노와 그리스도의 교회 안에서 죄와 죄인들을 다룰 때 가진 바울의 열의는 동일한 것입니다. 성령은 동일하십니다. 바울이 은사에 대해 설명한 같은 서신에서, 한 교인의 엄청난 음란죄에 대해 말합니다. 그는 고린도교회의 교인들에게 이의를 제기합니다(고전 5:2). 그들은 이 죄를 비통하게 여겼습니까? 죄지은 사람을 무리에서 쫓아내었습니까? 바울은 심지어 이렇게까지 권고합니다.

"여러분은 그러한 자를 당장 사탄에게 넘겨주어서, 그 육체는 망하게 하고 그의 영은 주님의 날에 구원을 얻게 해야 할 것입니다."(고전 5:5, 새번역)

뿐만 아니라 바울은 스스로 그리스도인이라고 칭하면서 방종하고 규율 없는, 더 자세히 말해서 '음행하거나 탐욕을 부리거나 우상 숭배를 하거나 모욕하거나 술 취하거나 속여 빼앗는' 사람과는 가까이 지내지 말라고 요구했습니다(고전 5:11). 그런 사람들과는 함께 먹

지도 말아야 했습니다. 다시 그는 거듭 요청합니다.

"이 악한 사람은 너희 중에서 내쫓으라."(고전 5:13)

그는 데살로니가 교회 교인들에게 게으르며 그의 가르침을 무시하는 사람들과는 가까이 지내지 말라고 경고했습니다.

"누가 이 편지에 한 우리 말을 순종하지 아니하거든 그 사람을 지목하여 사귀지 말고 그로 하여금 부끄럽게 하라. 그러나 원수와 같이 생각하지 말고 형제 같이 권면하라."(살후 3:14-15)

사도행전과 서신에서는 초대 교회가 그 모든 결점과 나약함에도 불구하고 빛 가운데 행했다는 것을 보여 줍니다(요일 1:7). 죄는 밝혀지고, 죄인은 비난받았습니다. 교회 지도자들은 함께 힘써 빛 가운데 행했습니다. 이미 언급했듯이, 바울은 복음의 진리에서 벗어난 것에 대해 베드로를 공개적으로 힐난했습니다. 베드로는 그 책망을 받아들였습니다. 그것을 곱씹으며 기분 나빠하지 않고, 그는 바울에게 감사한 마음으로 다정하게 편지를 썼습니다.

초대 교회는 기꺼이 진리를 받아들였기 때문에, 영적 은사들을-그것이 계시든 예언이든 기적이든 병 고침이든 방언이든 지혜와 지식의 말이든- 올바로 행사할 수 있는 안전장치가 준비되어 있었습니다. 은사를 지닌 대부분의 사람들은 인간적으로 불완전하기에 하나님의 책망을 받을 여지가 있었습니다. 그들은 자신들의 실패를 인정하고 회개와 뉘우침의 삶을 살며 하나님의 빛을 받아들였습니다. 고린도 교회와 같이 책임감이 결여된 곳에서, 바울은 합당한 열의로 빠르게 조치를 취했습니다. 다른 교회들에게 쓴 편지에서는 성령의 은사에 대해 거의 언급하지 않는데, 짐작컨대 그들은 은사를 질서정연하게 사용했던 것 같습니다.

회개와 빛 가운데 행하는 것은 거룩하신 하나님 앞에서 은사를 사용하는 기초가 됩니다. 그러므로 사도행전에서 보는 것처럼, 성령의 능력과 은사는 하나님의 나라가 세워지는 것과 그 전체적 역사의 기초가 놓이는 것을 가능하게 했습니다.

만일 오늘 우리의 예배 가운데 성령의 능력이 나타나길 바란다면, 빛 가운데 행하는 것은 필수적입니다. 이것은 훈계하시는 하나님의 손길 아래 겸손히 낮추고, 잘못을 바로잡고 다른 사람들의 충고를 받아들이며, 하나님의 거룩하심에 순복하는 것을 의미합니다. 우리는 매일 회개하며 죄와 단절하는 법을 배우게 될 것입니다. 예수님께서는 "만일 네 오른 눈이 너로 실족하게 하거든 빼어 내버리라"(마 5:29)고 말씀하셨습니다.

그렇게 하면 견고하고 비옥하여 은사가 제대로 자랄 수 있는 좋은 토양이 됩니다. 그러나 교회나 모임에서 훈련이 경시되고, 죄가 빛 가운데 드러나지 않는다면, 우리는 더 이상 성경적 근거에 기초하지 않게 됩니다. 이것은 분명한 죄와 감지하기 어려운 죄에 모두 해당됩니다. 심지어 '단지' 비판하고 판단하는 태도에도 말입니다. 성경의 가르침에 따르면, 하나님의 빛 가운데 우리 자신을 비추어 보는 것과 회개를 분명하고 지속적으로 강조하지 않고서는 성령의 능력과 은사에 대한 가르침이 있을 수 없습니다.

사도들의 시대에 나타났던 놀라운 성령의 능력을 기록하고 있는 사도행전에서는 이 첫 그리스도인들의 원동력을 밝히고 있습니다. 그들은 회개하고 죄를 심각하게 받아들였을 뿐 아니라 희생의 영을 지니고 있었습니다. 강렬한 사랑으로 예수님과 영혼 구원을 위해 자신을 바쳤던 사람들이 있었습니다. 성령의 은사가 나타나는 곳은 바로 이러한 자기희생적 삶의 방식이 나타나는 곳입니다.

바울은 모욕당하고, 괄시받고, 거절당하고, 매

맞고 회당과 도시에서 쫓겨났습니다. 그는 같은 민족에게 쫓기는 도망자였습니다. 그러나 그의 유일한 반응은 사랑이었습니다. 그는 누군가 구원받을 수 있다면 목숨까지도 기쁘게 내어 주었습니다. 그는 사랑하고 고통당하는 일에 결코 지치지 않았습니다. 계속해서 회당에 들어가 그의 형제들을 찾았습니다. 그는 후에 이방인 선교에 중점을 두었음에도 불구하고, 계속해서 자기 민족인 유대인들에게 전도했습니다.

더 고통스러운 것은 그가 자신이 세운 교회에서 오해를 받았고, 사람들이 그를 반대했다는 사실입니다. 그런 중상모략과 핍박 속에서 바울이 보여 준 그리스도의 마음은 그가 보인 은사나 하나님께서 그를 통해 행하신 어떤 기적보다도 더 큰 기적이자, 그의 주님을 증거하는 것이었습니다. 바울은 고린도 교회에 이렇게 편지했습니다.

"수고하여 친히 손으로 일을 하며 모욕을 당한즉 축복하고 박해를 받은즉 참고 비방을 받은즉 권면하니 우리가 지금까지 세상의 더러운 것과 만물의 찌꺼기 같이 되었도다."(고전 4:12-13)

얼마나 위대한 사랑을 표현하고 있습니까! 이 말은 가장 극심한 고통 중에서 가장 강력한 사랑을 보여 주신 예수님 사랑의 영광을 보여 줍니다. 신약에서 우리를 위해 그리신 그림은 변함없는 용서와 희생의 사랑입니다. 이 사랑은 사도들이 성령 충만한 목회를 할 수 있었던 원동력이었고, 어려움을 견뎌내도록 도와주었습니다. 바울은 이렇게 썼습니다.

"바로 이 시각까지 우리가 주리고 목마르며 헐벗고 매 맞으며 정처가 없고 또 수고하여 친히 손으로 일을 하며…"(고전 4:11-12)

바울은 그의 희생적인 삶을 고린도후서 6장과 11장에서 아주 생생하게 묘사합니다. 고된 일과 잦은 투옥, 혹독한 매질과 채찍질을 당했습니다. 거의 죽을 뻔 한 적도 자주 있었습니다. 돌에 맞기도 하고 사십에 하나 감한 매를 다섯 번씩 맞기도 했습니다. 그는 자신의 몸을 산 제사로 드렸습니다. 이 모든 고통에도 불구하고 그는 계속해서 일했고, 세 번 난파를 만나 고생하면서도 여러 지역으로 선교여행을 떠났습니다. 그는 목회를 하면서 여러 번의 힘들고 위험한 도보 여행, 잠 못 이루는 밤, 배고픔과 목마름, 고난과 어려움, 궁핍과 추위를 대가로 지불했습니다.

이제 왜 하나님께서 바울에게 이례적인 성령의 권능으로 기름 부으셨는지 이해가 되지 않으십니까? 그는 성령의 사역이 뿌리를 내리고 번성할 수 있는 기초를 마련했습니다.

이 희생제단 위에서 다른 많은 사람들이 불타면서 사랑의 불꽃이 밝게 타올랐습니다. 만약 그들이 전하는 메시지가 삶으로 뒷받침되지 않았다면, 성령께서 사도들의 삶을 통해 그렇게 강력히 역사하실 수 없었을 것입니다. 고린도전서 12장부터 14장 사이에 성령의 은사를 이야기하는 동안 갑자기 모든 은사 중에 최고인 사랑에 대한 찬가가 등장합니다.

"내가 또한 가장 좋은 길을 너희에게 보이리라."
(고전 12:31)

뒤이어 희생적 사랑의 최고의 본을 보여 주신 예수님에 대한 묘사가 나옵니다. 이 사랑은 이기적이지 않고 다른 사람을 먼저 생각합니다. 이 사랑은 친구나 적에게 동일하며, 모든 사람에게 적용됩니다. 쉽게 성내지 않으며 흠 잡고 원망하지 않습니다. 잘못을 기억하지 않습니다. 불평하는 대신 아량을 베풀며, 언제나 가장 좋은 것을 소망하고 생각하며 모든 것을 견딥니다.

일련의 은사들 중에서 사랑을 강조함으로써, 주님께서는 바울을 통해 우리 안에 사랑이 가득할 때 은사가 올바로 사용될 수 있다고 말씀하십니다. 은사들은 사랑의 토양 안에서 풍성해질 것입니다. 그리스도의 영광과 아름다움, 그의 생명과 본성은 고린도전서 13장에 기록된 것처럼, 모든 은사보다 더욱 뛰어납니다. 사랑이 없으면, 은사는 아무 것도 아닙니다. 오직 이 사랑에서 비롯된 것만 그의 영광을 나타내며, 성령께서 기름 부으시며, 풍성한 열매를 맺을 것입니다. 그렇지 않으면 우리는 결국 진품을 흉내 내는 형편없는 모조품으로 전락하고 맙니다. 그것은 가짜입니다. 성령께서 주시는 것은 성도의 마음 상태에 따라 영향을 받습니다.

성령께서 은사를 가지고 우리에게 오실 때, 사랑으로 우리 삶을 빚도록 도전을 주십니다. 여기에는 우리의 노력과 수고가 필요합니다(고전 14:1). 사랑은 저절로 우리에게 굴러들어오지 않습니다. 조건 없이 주어지는 영적 선물이 아닙니다. 오히려 삶의 자세로서 습득해야하는 것이며, 그렇기에 더욱 소중합니다. 사랑은 우리 안에서 일어나는 영과 육의 싸움에서 죄에 저항하는 방법을 배우며, 은혜 안에 성장해 나가는 흔적입니다.

"내가 이르노니 너희는 성령을 따라 행하라. 그리하면 육체의 욕심을 이루지 아니하리라. 육체의 소욕은 성령을 거스르고 성령은 육체를 거스르나니 이 둘이 서로 대적함으로 너희가 원하는 것을 하지 못하게 하려 함이니라."(갈 5:16-17)

인간은 천성적으로 자기중심적입니다. 희생적인 사랑을 하는 것이 쉽지 않습니다. 고린도전서 13장에서 바울은 우리의 현실적인 모습을 보여 줍니다. 자신의 유익을 구하고, 쉽게 노여워하고 분내며, 자기중심적이고 배려하지 못합니다. 누구든지 성령의 은사를 구하거나 소유한 사람은 사랑하려고 노력하며, 예수님의 구원의 능력과 성령의 역사를 믿음으로 자신을 철저히 부인하는 책임이 따릅니다. 하나님의 영은 우리가 예수님의 모습을 드러내도록 우리를 통해 일하길 원하십니다.

우리는 죄를 심각하게 받아들일 필요가 있습니다. 사랑하지 못하는 자세를 증오하며, 우리 삶에서 뿌리 뽑아야 합니다. 그럴 때 우리는 올바른 영 안에서 은사를 사용하게 될 것입니다. 만일 우리가 죄와 싸우는 것을 소홀히 여긴다면, 악한 본성이 활개를 치게 될 것입니다. 우리는 종종 이기적인 사고방식에 빠져 있다는 사실조차 감지하지 못할 때가 있습니다. 우리는 따지고 판단하기를 좋아합니다; 다른 사람들을 깎아 내립니다. 제멋대로 굴고, 경쟁심이 강하며, 소유욕이 강합니다. 우리의 이런 상태는 믿음이든, 예언이든, 구제든, 방언이든, 모든 은사를 무익하게 합니다 (고전 13:1-3).

우리가 성령을 받아들이지도 않고, 심지어 죄성을 지닌 자아를 정결하게 하시는 성령의 사역을 저항한다면, 어떻게 성령의 권능으로 하나님의 나라를 위해 일할 수 있겠습니까? 우리에게 은사를 주시고 성품을 변화시키는 분은 하나의 동일한 영이십니다. 그분이 우리 삶을 깨끗게 하실 때 거절하면서 성령과 그의 은사를 지니고 있다고 주장할 수 없습니다. 그렇게 되면 성령의 기름부음을 상실하거나, 성령의 은사와 권능이 우리의 이기심 때문에 제멋대로 자라서 하나님을 영화롭게 하는 성령의 진정한 목적을 달성하지 못하게 됩니다.

성령은 우리가 회심하거나, 우리에게 은사를 주실 때만 죄를 깨닫게 하시는 것이 아닙니다. 우리 안에서 이루어지는 성령의 역사는 평생 동안 지속됩니다. 우리는 계속 죄의 길로 빠지기 때문에 그 분은 반복해서 우리에게 권고하십니다. 계속해서 우리에게 상기시키시고, 바로 잡으시며 훈련시키십니다. 우리의 영혼

안에서 끊임없이 이루어지는 이 공들인 변화의 작업은 성령께서 후하게 나누어 주시는 어떤 은사보다도 더 위대합니다.

성령을 거부하지 않고 그분의 정결하게 하시는 작업을 받아들인 사람은 성령의 은사를 받은 미성숙한 성도와는 본질적으로 다른 권능을 소유하게 될 것입니다. 정결케 되는 과정을 통과한 성도는 은혜 안에서 성장하는 권능을 얻습니다. 우리가 예수님을 나타낼 수 있도록, 성령께서는 우리를 정결하게 하십니다. 그 분을 닮아가는 것은 분명히 더 위대한-성령의 은사보다 더 위대한-권능을 부여합니다.

성숙한 그리스도인들 중에서 우리는 예수님의 모습을 닮은 경건한 사람들을 볼 수 있습니다. 그들의 입에서는 자비로운 평화와 사랑의 말이 나옵니다. 그들의 말 한 마디 한 마디가 지혜롭습니다. 그렇지 않다면 성령의 은사로서 지혜가 반드시 필요합니다. 그들은 주님과의 친밀한 관계를 통해서 그 분의 영원한 목적에 대한 통찰력을 가지고 있습니다. 하나님께서 그들에게 통찰력을 주셔서 다른 사람들과 하나님의 지식을 나눈 것이 분명합니다. 다른 사람을 격려하는 그들의 목회와 사역에는 성령의 기름부음이 있습니다. 그들의 말에는 권면하고 위로하는 사람들의 마음을 움직이는 효과가 있습니다. 그들은 하나님은 무엇이든 하실 수 있다는 믿음을 소유한 사람들입니다. 주님과 깊고 친밀하게 동행하면서, 위대하고 놀라운 일들을 해냅니다. 예수님을 향한 사랑이 넘쳐흐르며, 그들의 한 가지 소원은 그 분을 경배하는 것이 됩니다. 예수님의 지배를 받으면, 그들의 삶이 변화되고, 사실상 그들이 하는 모든 말과 행동에 기름부음이 있습니다.

성숙한 그리스도인의 삶에는 풍성한 성령의 열매(갈 5:22; 엡 5:9)가 있습니다. 성령의 열매와 은사를 혼동해서는 안 됩니다. 이 둘은 전제조건이 다릅니다. 성령의 열매는 긴 준비과정이 필요합니다. 한 알의 밀알이 죽어서 비와 바람과 햇빛을 맞으며 자라고 익어가는 자연적인 과정을 따릅니다. 이것은 그분의 진정한 자녀로서 아버지의 애정 어린 훈육을 기꺼이 받아들이는 사람들만 경험하는 것입니다. 계속되는 영육간의 투쟁에서 싸우고, 결국 승리합니다. 이제 그들에게서 예수님의 빛이 드러나기 시작합니다.

영적 성숙에서 나타나는 권능은 영혼 안에서 끊임없이 일하시는 성령의 역사 덕분입니다. 그 분은 우리가 하나님의 형상을 드러낼 때까지, 영광에서 영광으로 변화시키시는 영이십니다(고후 3:18).

성령께서 하시는 방법을 보면 어느 누구도 경외감을 느끼지 않을 수 없습니다. 그 분은 새로 예수님을 구주로 영접한 사람들에게 성령의 은사를 주시며 축복하십니다. 동시에 올바른 영적 자세를 지니고 은사의 사용을 자제하게 하시면서 그들의 영이 조금씩 예수님의 형상을 닮아가도록 변화시키는 작업을 계속하십니다. 우리에게 특별한 능력과 권능의 은사를 주시는 반면, 통제권과 관계없이 은사는 우리 마음대로 사용할 수 있는 우리의 것이 아니라고 주의를 주십니다. 사도행전에서 보는 것처럼, 그분은 우리를 점점 더 깊은 회개와 죄에 대항하는 싸움으로 이끄십니다. 그 분은 사랑이 우리의 목표가 되도록 격려하셔서 우리가 사랑이신 그리스도의 성품을 드러내는 진정한 그리스도의 대사가 되게 하십니다.

우리는 은혜의 선물을 부어 주시는 성령님께 이 모든 것을 빚지고 있는 것입니다. 그 분은 우리를 인도하시고, 책망하시며 죄를 깨닫게 하십니다. 우리를 훈련시키시고, 육에 맞서 싸우게 하시고, 우리를 위해 기도하시고 중보하십니다. 그 분은 끊임없이 우리 안에서 일하시는 생명의 영이십니다. 우리로 영적 죽음에서 부활하게 하시고, 우리 기도의 삶을 새롭게 하시며 복음을 증거하도록 열정을 주십니다. 우리는 오직 성령이 어떤 분인지와 그 분이 하신 일에 대해 찬양과 경배를 돌릴 수밖에 없습니다.

7
성령과 교회 역사

"하나님의 말씀을 너희에게 일러 주고
너희를 인도하던 자들을 생각하며
그들의 행실의 결말을 주의하여 보고
그들의 믿음을 본받으라."
(히 13:7)

 사도행전에서 보듯, 예수 그리스도의 교회는 성령의 역사와 권능, 은사를 통해 세워졌습니다. 하나님 말씀은 그 어떤 것도 성령의 은사를 대신할 수 없다고 말씀하십니다. 그때나 지금이나, 어떤 사역이 영적 권능을 지니기 위해서는 은사가 필수적입니다. 실제로 성령은 그 분의 은혜인 은사를 떠나서 자신을 나타내지 않으십니다.

 좋은 목자이신 예수님께서는 모든 그리스도인들이 권능을 부여받아 성령의 능력을 증거하는 삶을 살기 바라십니다. 그의 몸 된 지체들을 무장시키실 때, 유혹을 물리칠 수 있는 힘을 주십니다. 지금도 그때처럼 악의 세력과 싸우고 있는 교회에게 이것은 필수적입니다. 새로운 속임수가 교회 안팎에서 침투해 올 때, 성령께서는 영분별의 은사를 주십니다. 핵의 위협 아래 놓인 세계에서 성령은 그리스도인들에게 믿음의 은사와 기적 행하는 은사를 내려주십니다. 점점 커지고 있는 적그리스도 문화에 대항하여 예언의 은사를 통해 성도들을 깨우시고 준비시키시며, 상황에 적절한 말을 생각나게 하십니다.

초대교회는 성령의 창조적인 권능을 통해 초자연적인 방법으로 존재하게 되었고, 세워지기 위해 성령의 은사가 필요했습니다. 오늘날 우리에게는 얼마나 더 많은 은사가 필요하겠습니까! 오늘날 교회와 공동체에서는 구성원들이 습관적으로 예배에 참석하며 영적으로 죽어 있기 쉽습니다. 우리는 우리를 더 깊은 이해로 이끌어 줄 수 있는 유일한 분이신 성령을 바라보는 대신, 전통에 의존하거나 성경을 단순히 지식적인 차원에서 공부하고 있을지 모릅니다.

성령께서 자신을 드러내실 때는 은사도 함께 나타납니다. 우리가 하나님의 말씀을 이해하고 받아들이기 위해 최선의 노력을 기울인다고 해서, 성령의 은사가 불필요한 것은 아닙니다. 오직 성령만이 깨우쳐 주시고, 양심을 찔러 회개하게 하실 수 있습니다. 오직 성령만이 시대의 표적을 깨닫게 하시고, 멸망을 향해가는 세계를 대신해 일하도록 촉구하십니다.

우리의 믿음을 알리고, 함께 혹은 개인적으로 기도하는 등, 우리의 모든 노력으로도 이것을 이룰 수 없습니다. 성령이 없으면, 이 모든 행위는 죽은 것입니다. 오직 생명을 주시는 영만이 예수님의 재림을 위해 교회를 준비시키실 수 있습니다. 성령께서 그 분의 임재와 은사를 가지고 임하실 때 영적 생명이 활기를 띠고, 어둠이 깊어 가는 세상에 교회가 영향을 미치게 될 것입니다.

성령의 역사를 통해 하나님께서 믿지 않는 자들에게 영광 받으시고, 많은 영혼이 구원받기를 바란다면, 우리는 성령의 은사를 간절히 사모해야 합니다. 악의 세력과의 싸움이 절정에 다다르게 되면, 우리는 성령께서 은혜와 새 생명의 은사를 가지고 다시 오시길 기도하게 될 것입니다. 흥미롭게도 바울은 이미 은사를 받은 곳에서도 계속해서 성령으로 충만할 것을 도전했습니다(엡 5:18). 바울이 오늘날 우리에게는 얼마나 더 많은 도전을 주겠습니까? 우리는 성경에 있는 모든 명령에 순종해야 합니다. 어떻게 성령의 은사를 구하라는 말씀을 무시할 수 있겠습니까?

성령의 은사들이 없이도 살아 있는 교회들이 있었다고 할 수 있을까요? 문제는 우리가 방언을 포함한 영적 은사들이 이런 교회들에 없었다는 사실을 어떻게 알 수 있느냐는 것입니다. 영적 은사가 특별히 분명하게 나타나지 않았을 수도 있습니다. 그렇다고 해서 전혀 없었다고 말할 수는 없습니다. 살아 있는 교회에 성령 충만한 간증과 회개가 부족할 수 있을까요? 지혜나 지식, 구제와 병 고침과 같은 은사는 종종 드러나지 않을 수 있습니다. 진정 이러한 은사들이 없었다고 생각할 수 있을까요? 여기에서 예배와 믿음을 통해 하나님을 영화롭게 하는 은사들에 대해 언급하는 것은 아닙니다.

성령과 그의 은사는 항상 살아 있는 교회 뒤에서 아버지와 예수 그리스도를 높이는 원동력이 됩니다. 성령은 하나님의 위대하심에 초점을 맞추고, 예수님의 구원의 능력을 강조합니다.

예수께서는 아버지께 성령을 구하라고 말씀하셨습니다(눅 11:13). 예수께서 승천하시기 전에, 그 분의 존재는 제자들에게 모든 것을 의미했습니다. 일단 예수님을 믿게 되면, 예수께서 재림하실 때까지, 모든 것이 성령님의 계속적인 채우심에 달려 있습니다. 급하게 떡이 필요해 친구 집 문을 계속해서 두드린 비유에 나오는 사람처럼, 우리는 이 귀중하고도 절실히 필요한 선물을 계속 구해야 합니다. 이 비유는 약속의 말씀으로 끝을 맺고 있습니다. "하물며 너희 하늘 아버지께서 구하는 자에게 성령을 주시지 않겠느냐."(눅 11:13)

사도행전에서 보는 것처럼, 성령과 그 분의 은사가 없는 진정한 교회의 삶은 상상할 수 없습니다. 초대교회에서는 모든 사람이 성령을 받았기 때문에 은사를 사용하는 것은 일반적이었습니다. 오늘날은 왜 달라야 합니까?

요점은 이것입니다.

"신약에서는 성령을 받고 사역하는 곳에서는 성령의 은사도 존재한다고 생각합니다. 활발한 성령의 은사는 사도시대에만 국한되었다거나 그 당시에만 은사가 필요했다고 기록된 구절은 어디에도 없습니다. 이러한 성령의 흐름이 사도시대 이후에 메마르게 된 것은 (비록 조금 남아 있긴 하지만) 하나님의 계획의 일부로 해석될 수 없습니다. 그 원인은 교회 안에서 회개의 결여, 숨겨진 죄악, 과거의 악한 행실로 되돌아가는 것 등에서 찾을 수 있습니다. 더 자세히 말해서 문제는 교회의 헌신, 경건, 충성심의 부족으로 보입니다. 그리스도는 교회 초기 어린 시절에 그랬던 것처럼 더 이상 아주 친밀하고 경이롭게 말씀하실 수 없으십니다(호 2:14-15). … 하나님의 구원의 목적 안에서 성령의 은사들은 고유의 기능이 있어서 결코 그것을 넘어서지 않습니다. 은사들은 그리스도가 하늘로부터 이 일시적이고, 자족하는 세상에 가까이 다가오심을 알리는 빛난 선두주자로, 도래하는 하나님의 나라를 예고해줍니다."[주14]

하나님은 살아계십니다. 이것은 하나님이 상관없는 존재로 잊혀질 때, 교회가 보내야 할 일종의 신호입니다. 우리는 우리에게 은사를 부어주심으로써 하늘 아버지와 아들을 영화롭게 하시는 성령의 존재를 세상에 보여 주어야 합니다. 산을 옮길 만한 믿음, 기적 행함, 병 고침, 자비를 베푸는 것과 같은 모든 은사는 하나님의 위대하심과 전능하심을 나타냅니다. 은사는 온갖 좋은 것의 근원되시는 하나님을 영화롭게 합니다.

그래서 우리는 은사를 사용하는 성령 충만한 사람들이 필요합니다. 그들은 하나님을 믿지 않는 이 세상에 하나님이 계심을 증명합니다. 프리드리히 폰 보델슈빙(Friedrich von Bodelschwingh), 나이팅게일

(Florence Nightingale)과 에바 틸레-빈클러(Eva von Tiele Winckler) 같이 긍휼을 베푸는 은사를 지닌 사람들(롬 12:8)은 오늘날 예수님의 사랑의 마음을 보여 주는 훌륭한 본보기입니다. 그들은 예수님이 살아 계심을 증명하고 있습니다.

프레드리히 폰 보델슈빙(1831-1910)은 그의 평생의 업적이자, 간질 환자들을 위한 안식처인 '벧엘 재단'으로 잘 알려져 있습니다. 사랑과 기쁨이 넘치는 분위기로 인해, 벧엘은 전 세계에 이와 유사한 사역이 일어나도록 영감을 주었습니다. 그의 전기에서 보델슈빙의 아들은 성령으로 타오르는 아버지의 강렬한 사랑과 긍휼에 대해서 썼습니다.

"아버지는 자신이 대단한 일을 했다거나, 벧엘이 대단한 일을 이루었다거나, 또는 할 수 있었을 것이라는 인상을 결코 준 일이 없습니다. 아버지에게는 기독교가 이룬 모든 일들이 열이 펄펄 끓는 인류의 이마를 식히기 위해 떨어뜨린 한 방울의 물로 여겨진 듯합니다."

그리고 계속해서 말했습니다.

"그의 사랑은 끝이 없었고, 그래서 그의 활동범위 또한 제한이 없었습니다."[주15]

에바 폰 틸러-핀클러(1866-1930)는 1888년에 믿음으로 여집사회 공동체인 '평화의 안식처'(Haven of Peace)를 설립했습니다. 이 어린이 시설 하나로 출발하여 40여 개의 다른 시설들이 취학 연령의 아이들을 가족 단위로 돌보아 주는 형태로, 독일 전역에 퍼져 나갔습니다. 그녀는 또한 여성 수감자들을 위한 단체도 세웠습니다. 셀 수 없이 많은 사람들이 '마더 에바'에게 직접, 또는 그녀의 책을 통해서 상담을 받았습니다.

또 다른 감명 깊은 간증은 조지 뮬러(George Muller)의 믿음의 사역입니다. 그는 자금을 모금하지 않고, 이천 명의 고아들을 매일 보살폈습니다. 오직 기도와 믿음을 통해서, 그는 필요한 물품과 재정적 지원을 공급받았습니다. 그의 이야기를 통해 많은 사람들이 믿음으로 살도록 도전받았고 필요를 채우시는 하나님을 신뢰하게 되었습니다. 결국 이를 통해 주님께 영광을 돌렸습니다.

그런가 하면 중국내지선교회의 창시자인 허드슨 테일러(Hudson Taylor)도 있습니다. 재정이 점점 바닥나고 있을 때, 믿음의 은사를 지닌 이 하나님의 사람은 이렇게 말했습니다.

"25센트 더하기 모든 하나님의 약속!"

그 단체의 역사를 통해서 하나님께서는 말씀하신 대로 행하시고 불가능을 가능하게 하시는 신실한 분임을 보이셨습니다.

백 명의 직원에 대한 이야기는 특히 인상적입니다. 선교단체에 더 많은 동역자들이 급하게 필요했습니다. 갓 20해를 넘긴, 재정이 안정적이지 않은 그 단체가 여러 가지 난관에 봉착했습니다. 부회장이 믿음으로 그의 목표를 발표했습니다. 100명의 직원을 내년까지 뽑겠다는 것이었습니다. 대부분의 사람들이 이것이 너무 빠르다고 생각했고, 테일러는 이 의견을 부회장에게 전달했습니다. 선교회의 전 직원이 200명도 안 되는 상황에서 일 년 안에 100명을 새로 뽑겠다니요!

허드슨 테일러가 며칠간 묵상하고 기도하면서 지내고 있을 때, 믿음의 영이 갑자기 그에게 내렸습니다. 집으로 보낼 편지를 쓰는 동안, 그는 이것을 알려야겠다는 생각이 들었습니다.

"우리는 1887년까지 100명의 새 선교사를 파송하길 기도하고 있습니다."

믿음이 너무 강력히 불타올라, 그는 혼잣말로 말했습니다.

"만일 하나님께서 중국에 올 100명의 선교사의

사진을 보여 주신다고 해도, 지금보다 더 확신을 느끼지는 못할 것 같습니다."

이틀간의 기도 후, 100명 중 마지막 일행이 중국으로 오는 길이었고, 모든 비용이 지불된 상태로 1887년이 마무리 되었습니다. 하나님의 일이 이루어졌고, 이곳저곳에서 축복이 쏟아졌습니다.[주16]

믿음으로 사는 것은 하나님의 위대하심 안에서 그분을 영화롭게 할 뿐만 아니라, 하나님의 자비로운 사랑도 드러냅니다. 하나님께서는 자녀의 울부짖음 들으시고, 기도하도록 격려하십니다. 믿음의 은사를 가진 사람들은 기도하면서 전능하신 하나님과 씨름합니다. 야곱이 그랬던 것처럼 말입니다(창 32:24-31). 그들은 전적으로 하나님을 의지하고, 심판과 은혜를 모두 경험하며 거룩한 불에서 멀리 떠나지 않습니다. 어린 아이처럼 모든 것을 구하며, 어린 아이처럼 하늘 아버지께서 그들을 얼마나 사랑하시고 친히 돌보시는지 압니다. 하나님 안에서 그들은 안식을 얻습니다.

믿음의 은사가 아버지를 영화롭게 한다면, 기적을 행하는 것은 승리하신 예수님의 능력을 보여 줍니다. 2년간의 비참한 시련 속에서 블룸하르트 목사는 고틀리빈 디투스라는 귀신들린 여자가 구원받는 것을 보며 예수 이름의 능력을 경험했습니다. 전에 귀신들린 적이 없었던 그녀의 여동생 카타리나가 4일간 그녀를 조종했던 귀신에게 풀려나던 날 밤이 일대의 전환점이 되었습니다. 사탄의 사자 중 높은 자리에 올라 마법의 왕이 되겠다고 주장하던 악마는 소리를 지르며 마침내 패배를 인정했습니다.

"예수가 승리자다! 예수가 승리자다!"

누구든지 그 외침을 들은 사람은 그것을 잊을 수 없었고, 승리의 소식은 삽시간에 퍼져나갔습니다.[17]

성령의 능력을 통해서, 블룸하르트 목사는 고틀리빈 디투스와 같이 고통 받는 많은 사람들을 돕게 되었습니다. 악령에서 해방된 뒤, 그녀는 예수님의 구원의 산 간증이 되었습니다. 자살 충동을 비롯한 정신적인 문제를 지닌 사람들은 평화의 빛을 찾았습니다. 블룸하르트의 이야기는 무수히 많은 사람들에게 "예수님이 승리자다!"라는 구호를 떠올리게 하며 감명을 주었습니다. 어둠의 권세와 직면했을 때, 그들은 시련과 유혹, 또는 다른 영혼들을 위한 영적 전쟁 가운데 예수님의 승리를 선포했습니다.

기적 행함의 은사는 악령의 권세를 무너뜨리신 예수님을 승리의 왕이자 하나님의 어린 양으로서 칭송합니다. 블룸하르트 뿐만 아니라 알려지지 않은 다른 많은 성도들도 이 영적 은사를 통해 사탄의 압제가 무너지고, 악령들이 떠나가며, 사탄에 사로잡혔던 사람들이 예수님의 제자가 되는 것을 목격했습니다. 오늘날까지도, 하나님께서 우리에게 성령을 주시고 능력을 행하실 때 어떤 일이 일어나는지 알고 있는 사람들이 있습니다(갈 3:5).

  예수님께서 약속하신 기사와 표적을 문자 그대로 경험한 선교사들이 있습니다. '무슨 독을 마실지라도 해를 받지 아니하며'(막 16:18) 수마트라 섬의 바타크 족에게 선교사로 간 루드비히 노멘센(Ludwig Nommensen, 1834-1918)은 주술사가 독을 넣은 음식을 모르고 먹게 되었습니다. 그 음식을 먹은 노멘센의 개는 즉시 죽었습니다. 그가 살아 있는 것을 보고 놀란 그의 원수는 이 놀라운 기적과 그의 용서하는 사랑에 압도되어 마음을 열고 복음을 받아들였습니다.[주18]

  병 고치는(신유) 은사는 오늘날에도 여전히 예수님을 영화롭게 하고 교회에 새 생명을 불어넣습니다. 공생애 동안 예수님께서는 마귀의 역사가 폐하고 하나님의 통치가 다가오고 있음을 보여 주시기 위해 사람들을 고치셨습니다.

"그가 두루 다니시며 선한 일을 행하시고 마귀에게 눌린 모든 사람을 고치셨으니 이는 하나님이 함께 하셨음이라."(행 10:38)

우리가 사는 이 시대에도 동일합니다. 병 고침은 예수님이 살아 계시며 통치하신다는 것을 보여 줍니다. 육체와 영혼의 주인 되시는 그 분은 오늘날에도 병 고침의 기적을 행하십니다. 블룸하르트의 삶이 이를 증명합니다. 그의 영역 안에서 역사하던 사탄의 능력을 이기신 후 회개와 부흥을 일으키는 성령의 역사가 뒤따랐습니다. 블룸하르트는 많은 사람들이 그들의 죄를 자백한 뒤 영적 속박에서 놓임을 받도록 도울 수 있었고, 그의 기도와 안수를 통해 육체의 질병이 고침 받는 일들도 많이 일어났습니다. 장애를 가진 사람들이 다시 걷게 되었습니다. 안질, 결핵, 척추 기형과 골격 질환 등이 사라졌습니다.

후에 목격자들은 이렇게 회상했습니다.

"주님께서 그 자리에 계신 것이 매우 분명해서 그 기적이 놀랍기보다 당연하게 생각되었습니다."

그 신자들이 경외심이나 놀라움을 잃어버린 것이 아닙니다. 때때로 온 교회가 함께 모여 이러한 축복을 주신 주님께 감사와 찬양을 드렸습니다.[주19]

병 고치는 은사는 믿는 자들, 특히 교회의 장로들에게 약속되었습니다(막 16:17-18). 아픈 사람들을 위해 기도하는 것은 그들의 임무였습니다(약 5:14). 신자들 중에서도 먼저 아픈 사람들을 예수님께 데려와야 하기 때문입니다. 그분은 우리를 초대하셨습니다.

"수고하고 무거운 짐 진 자들아. 다 내게로 오라. 내가 너희를 쉬게 하리라."(마 11:28)

이것은 육체의 질병에도 적용됩니다. 예배 후에 간단한 신유 집회를 갖는 것보다 더 자연스러운 일이 있을까요? 많은 교회에서 이렇게 하고 있습니다. 목회자나 다른 지도자들이 병자들에게 축복과 죄 사함의 말씀을 선포하거나, 예배 중이나 예배 후에 사람들이 기도를 받으러 나오기도 합니다.

하나님께서는 지혜의 은사를 통해서도 여전히 영광 받으십니다. 여러 나라에서 그리스도인들이 박해를 당하고, 고통스러운 심문을 받고 있습니다. 성령의 감동으로 원수를 제압하는 답변을 하게 하시고, 외부의 모든 공격을 물리칠 수 있는 무기인 하나님의 말씀 안에서 성령을 증거하게 하시니 이 얼마나 놀라운 은사입니까!(마 10:17-20) 이것이 믿음 때문에 옥에 갇히고 고문당한 사람들의 경험입니다.

레슬리 밀란 박사(Dr. Leslie Milan)는 라디오 인터뷰에서 그리스도인으로서 겪었던 중국에서의 가혹한 투옥 경험을 이야기했습니다. 몇 주에 걸친 세뇌 공작을 받은 후 그는 만신창이가 되었습니다. 그가 습득한 서구 문화와 교육은 사실상 다 지워졌습니다. 그런데 그 순간 하나님의 영이 그에게 말씀을 기억나게 하셨고, 그를 심문했던 사람들은 속수무책이었습니다. 그들은 그에게 질문에 답하라고 요구했습니다. 그는 들을 수가 없었기 때문에 그들이 무엇을 질문했는지조차 기억하지 못했습니다. 갑자기 하나님의 말씀이 흘러들어오기 시작했고, 그들이 말을 마치고 그에게 답하도록 했을 때, 그는 자신 안에 있는 하나님의 말씀을 단순히 '전달'했습니다. 정치세뇌부에 있던 7명의 사람들은 잠시 동안 하나님의 영광과 같은 어떤 것을 느꼈습니다. 그것은 하나님의 말씀이 성령을 통해 얼마나 강력히 역사하는지를 그들에게 보여 준 증거였습니다.

지금도 다양한 방법으로 역사하는 성령의 은사들은 한 성령에서 비롯되며, 삼위일체의 세 인격을 모두 포함합니다. 성부로부터 나온 성령은 은사들을 나누어 주시기 위해 성부와 성자로부터 보내심을 받았습니다. 우리에게 이 은사들은 매우 거룩하고 귀중한 것이어야 합니다. 우리는 예수께서 얼마나 큰 사랑으로 성령을 권하셨는지 기억합니다. 예수님은 자신이 떠나는 것이 우리에게 유익이라고 하셨습니다. 그 후에 성령이 오시기 때문입니다. 그리고 성령은 은사도 함께 가지고 오십니다.

은사는 순전히 말씀에 비추어 성경에서 은사에 대해 하신 말씀과 허락하신 직분에 의해 심판을 받게 될 것입니다. 거짓 예언이나 공개적으로 부적절하게 방언을 사용한 것과 마찬가지로, 잘못 사용한 것으로 인해 심판받지 않습니다. 그것은 성경에 어긋납니다. 만약 성경에서 "신령한 것들(은사)을 사모하라"(고전 14:1)고 말씀하셨다면, 우리는 그에 반하는 행동을 하거나 은사를 피해서는 안 됩니다. 허위 예언을 하는 거짓 선지자들이 있다는 이유로 예언을 반대하는 것은 잘못이며, 사탄이 불어넣은 생각일 수 있습니다. 은사를 잘못 사용하는 것을 반대하는 것은 분명 옳은 일이지만 은사 자체를 반대해서는 안 됩니다.

오늘날에는 예언의 은사가 특별히 필요합니다. 예언이 없는 교회는 메마른 들판과 같습니다.

'예언은 교회의 생명에 지속적인 신선함과 긴박감의 거룩한 숨결을 불어넣습니다. 예언은 우리에게 그저 말에 불과할 지도 모르는 성경말씀에 신선한 생명력을 불어넣습니다. "율법조문은 죽이고, 영은 살리기"때문입니다. 예언은 교회에 활력소를 가져다줍니다.'[주20]

오늘날 우리에게는 예언자가 – 이 세대에게 하나님의 권능으로 말하는 사람들, 정치 사회적 현상 뒤에 숨어 있는 것을 볼 수 있는 사람들 – 필요합니다. 이것은 이전 – 예를 들어 나치 시대 – 에 그랬던 것처럼 오늘날도 마찬가지입니다. 진리의 길을 따르도록 교회에 도전을 주는, 영적 권위를 지닌 예언이 필요합니다. 우리가 살고 있는 시대의 속임수와 혼란 속에서 분명하게 비춰 줄 거룩한 말씀의 빛이 필요합니다. 예언의 은사는 전도를 돕습니다. 숨겨진 것이 드러나고 죄가 빛에 밝혀지는 것처럼, 사람들은 용서받고 새로운 시작을 하기 위해 예수님께로 와야 한다는 것을 깨닫게 됩니다. 예언은 진정한 회개를 불러올 수 있습니다.

예언은 현재와 과거의 사건들을 해석할 뿐만 아니라, 가까운 미래에 관한 중요한 일들을 알리기도 합니다. 1855년, 아르메니아의 11살 된 시골 소년이 터키인들의 침입에 대한 예언을 기록하기 시작했습니다. 기독교인들에게 해외로 이민을 가지 않으면 죽게 될 것이라고 경고했습니다. 환상을 본 뒤에 그 소년이 그린 지도와 그림들은 미국으로 확인되었습니다. 1900년, 이제 50대가 된 그 소년은 다시 예언을 말했고 친구들에게 아르메니아를 떠나라고 권했습니다. 그가 속했던 오순절파 교인들은 그를 따라 미국으로 이민을 왔습니다. 1912년에 마지막으로 남아 있던 교인들이 아르메니아를 떠났고, 1914년에 세계 1차 대전이 발발했습니다. 뒤이어 일어난 집단 학살로 150만 명의 아르메니아 사람들이 목숨을 잃었습니다. 이 사건이 보여 주듯이, 하나님께서는 오늘날에도 그의 자녀들을 보호하시기 위해 예언의 은사를 사용하십니다.[주21]

성경에서 모든 은사를 사모하라고 말씀하시는 것처럼, 예언은 우리가 구해야 하는 은사입니다. 예언이 없으면, 우리는 혼동과 속임수, 악한 영향력에 희생되기 쉽습니다. 많은 거짓 예언자들이 존재한다고 해서 이것이 우리가 예언의 은사를 구하는 데 걸림돌이 되어서는 안 됩니다. 거짓 예언자들은 구약시대에도, 신약시대에도 존재했고 오늘날에도 존재합니다. 바울은 예언이 잘못 사용된 것을 보았음에도 불구하고, 계속해서 성도들에게 권고했습니다. "예언을 멸시하지 말고"(살전 5:20) 두 번째로, 그는 예언의 은사를 구할 것을 촉구했습니다(고전 14:1, 39). 우리는 이 충고에 귀를 기울이고 있습니까? 이 시대에는 진정한 예언의 은사를 받은 사람들이 절실히 필요합니다. 그런 사람들은 흔치 않습니다.

만일 성령이 주신 예언이 번갯불처럼 숨은 죄악들을 드러낸다면, 오늘날 교회에는 진정한 각성이 일어날 것입니다. 교회 밖에 있는 사람들도 죄악을 깨닫고 마음의 숨은 일들이 드러나게 되어 무릎 꿇고 하나님을 경배할 것입니다(고전 14:25).

이러한 예언의 은사와 비슷한 것은 지식의 말입니다. 유명한 성 존 비아니(St John Vianney, Curéd'Ars)는 이 능력을 받았습니다. 그는 겉으로 매우 독실한 척하는 사람들을 간파했고, 사람들이 그에게 상담하러 왔을 때 자신들의 죄를 깨닫게 했습니다. 볼품없는 외모의 어느 시골의 평범한 성직자인 그는 희생의 사랑과 어린아이 같은 겸손함을 발하며 기도의 삶을 살았습니다. 성령의 기름 부으심 아래, 여러 사람들이 떼를 지어 몰려오는 축복 속에서 목회를 했습니다. 리용에서부터 역마차를 타고 온 사람들은 특별한 예배를 드렸습니다. 각계각층에서 온 그 순례자들에게는 한 가지 공통점이 있었습니다. 그들이 죄인으로서 나왔다는 것입니다. 그들은 자신들의 삶에 무언가 잘못된 것이 있다는 사실을 깨달았습니다. 그들의 죄가 드러났습니다. 하나님의 거룩하심을 직접 경험한 많은 사람들이 진정으로 회개하고, 예수님을 만나 새로운 삶을 살기 시작했습니다.

이 얼마나 책임이 따르는 일입니까! 하나님께서는 우리가 구한다는 조건 하에 이 은사를 주십니다. 우리는 구하지 않아서 받지 못할 때가 많습니다. 아마 우리가 이 은사를 구하는 기도를 했었다면, 예수님을 만나도록 도와줄 수 있었을 모든 사람들이 마음에 걸릴 것입니다. 하나님께서는 말씀을 해석하는 일뿐만 아니라 성경에서 약속하신 모든 다양한 은사도 사용하셔서 영광 받으시고, 교회를 세우시며, 비기독교인들이 믿음을 갖게 하십니다.

예언의 은사는 믿음으로 받게 됩니다. 은사를 멸시하고 그것을 구하지 않는 것은 우리 자신에게 손실입니다. 우리에게 말씀하시는 살아 계신 하나님을 경험할 기회를 놓치는 것입니다. 우리에게 그 분의 사랑과 거룩하심을 직접 표현하시고, 승리의 왕이신 그 분의 영광을 드러낼 기회를 놓치는 것입니다.

성령의 은사는 즉각적인 성령의 임재를 느끼게 해

줍니다. 성령이 그 자리에 계시기에, 죽은 정통적 신념과 인간 중심적인 믿음은 사라질 수밖에 없습니다. 우리가 직접 받은 지식의 말은 회피하기 어렵습니다. 그것은 회개로 인도하는데 설교보다 더욱 효과적일 수 있습니다.

사두 선다 싱(Sadhu Sundar Singh)의 글에서 볼 수 있듯이 예언과 계시는 비슷한 결과를 가져오기도 합니다.

이 기도를 드리고 일어났을 때, 나는 빛과 아름다움으로 옷 입은 눈부신 존재가 내 앞에 서 있는 것을 보았다. 내 눈에 눈물이 글썽해서 그 분을 분명하게 볼 수 없었다. 그 분은 아무 말도 하지 않으셨지만, 그에게서 쏟아지는 번개같이 강력한 사랑의 광선이 내 안에 들어와 내 영혼을 정결케 했다. 내 사랑하는 주님이 내 앞에 서 계셨음을 단번에 알았다. 나는 즉시 내가 앉아 있던 바위에서 일어나 그 분의 발 앞에 엎드렸다. … 그 몇 초 동안 그 분은 내 마음을 채워 주시고, 너무나도 경이로운 말씀을 주셔서 내가 여러 권의 책을 쓴다 해도 그것을 다 기록할 수 없을 정도였다. 이 하늘의 것들은 오직 하늘의 언어로만 표현될 수 있기에, 세속적인 언어로는 부족하다. 그러나

나는 주님께서 환상을 통해 내게 보여 주신 이 놀라운 하늘의 것들의 일부를 적어 두려 노력할 것이다.[주22]

다른 곳에 그는 이렇게 기록했습니다.

14년 전에 코드갈(Kotgarh, 히말라야 산중)에서 기도하고 있을 때, 내 눈이 열려 하늘의 환상을 보게 되었다. 내가 본 모든 것이 너무나도 생생해서, 나는 내가 죽은 것이 틀림없고, 내 영혼이 영광스런 천국에 들어간 것이라고 생각했다. 그러나 그 사이의 세월 동안 이 환상들은 내 삶을 계속해서 풍요롭게 만들었다. 나는 그것들을 마음대로 떠올릴 수 없지만, 평소에 내가 기도하거나 묵상할 때, 한 달에 8~10번 정도 나의 영의 눈이 열리게 된다.[주23]

많은 사람들이 사두 선다 싱이 본 천국의 환상과 영생을 진지하게 받아들이는 그의 예언에 도전을 받았습니다. 그들은 내적으로 죄를 깨닫고 회개하며 하나님께로 돌아왔습니다. 요한 하인리히 융 스틸링(Johann Heinrich Jung-Stilling), 요한 프리드리히 오벌린(Johann Friedrich Oberlin) 목사와 미가엘 한(Michael

Hahn)과 같은 하나님의 사람들이 받은 계시와 내세에 대한 그들의 통찰력은 많은 사람들의 신앙생활에 도움을 주었습니다. 우리는 이 은혜의 선물을 주신 하나님께 감사하고 있습니까? 때때로 커튼을 걷어 천국을 맛보게 하시고, 목표를 향해 달려가게 하신 것을 감사히 여기고 있습니까?

성령은 신약시대나 현재나 동일하십니다. 그러므로 몇몇 소수의 은사가 아니라 모든 은사가 오늘날의 교회에서도 사용되어야 합니다. 방언의 은사도 예외가 아닙니다. 예수님께서는 '새 방언을 말하는 것'이 믿는 자들에게 따르는 표적 중의 하나라고 말씀하셨습니다(막 16:17). 인간의 언어로는 하나님의 영광과 사랑을 찬양하기에 부족할 때, 방언의 은사는 그 분을 경배할 말을 생각나게 합니다. 성령께서 '말할 수 없는 탄식으로' 우리를 위해 기도하시는 것이 바로 그때입니다(롬 8:26). 오직 신격의 깊이를 헤아리실 수 있는 그 분만이 전능하고 거룩하시며 영원하신 하나님을 경배할 말을 주십니다. 그 분의 본성은 우리의 이해를 뛰어넘습니다. 성령님께서는 그 분의 감동으로 이루어진 새 언어로 우리 안에서 예배하십니다.

이런 식으로 성령께서는 우리가 바쁠 때나 피곤할

때나 관계없이 쉬지 않고 기도하도록 도우십니다. 정신없이 바쁘고 부산한 생활이 우리의 영적 생활을 숨 막히게 하는 상황에서, 이것이 얼마나 중요한 가치를 지니는지 모릅니다. 그럴 때 우리의 의식적인 노력 없이도, 성령께서 우리 안에서 예배하십니다. 같은 방법으로 우리를 위해 중보하시고, 우리가 다른 사람을 위해 기도하도록 이끄십니다. 그 분은 누구를 위한 기도가 필요한지 아시기 때문입니다. 우리는 종종 무엇을 어떻게 기도해야 할지 잘 모르지만, 성령께서 우리의 연약함과 부족함을 도우십니다. 그것이 사람이든, 교회이든, 일과 관련된 것이든 말입니다. 그 분은 기도가 필요한 곳이 어딘지 가장 잘 아시고, 그 분의 기도는 영적 권위가 있습니다. 또한 성령께서는 우리가 어둠의 권세로부터 고통 받고 있는 사람들을 위해 기도할 때, 우리 안에서 기도로 싸우십니다. 이것이야말로 이 어두운 시대에서 우리에게 꼭 필요한 것이 아닐까요?

방언의 은사는 중보기도의 놀라운 자산입니다. 예를 들어, 약물 중독에서 벗어나려는 것과 같은 어려움 속에서 분투하고 있는 사람들에게 큰 도움을 줄 수 있습니다. 데이비드 윌커슨(David Wilkerson)은 뉴욕에 있는 약물 중독자들을 돌보는 일을 할 때 이 사실을 깨달았습니다. 놀랍게도, 의학적으로는 거의 가망이 없는 상태였던 많은 이들이 심각한 마약 중독에서 벗어나게 되었습니다. 그런데 한 번은, 자진해서 약물치료를 중단했던 소년이 영적인 도움에도 불구하고 원상태로 되돌아가는 일이 발생했습니다. 윌커슨은 다른 소년들이 그 습관을 끊을 수 있도록 한 것이 무엇이었는지 스스로 물었습니다. 그는 다른 소년들의 회복 과정에서 무엇이 그들에게 견디낼 수 있는 힘을 주었는지에 대해 차례로 이야기를 들었습니다. 그들은 직접 삶에서 경험했던 성령의 존재와 특별히 방언 기도에 대해 이야기했습니다. 성령께서 그들 속에서 기도하실 때, 그들은 이겨낼 수 없는 유혹을 이겨낼 수 있었습니다.[주24]

인도네시아의 부흥에 관한 한 보고서에서는, 성령께서 방언의 은사를 통해 다른 방법으로 역사하시는 것을 보여 줍니다. 인도네시아선교사협회의 선교사 연례 회의에서 하나님의 영이 인도네시아 국민들에게 동남아시아와 북아프리카 사람들에 대한 그들이 책임을 분명히 보여 주셨습니다. 처음에 협회 회장은 아직 인도네시아에도 복음을 받지 못한 많은 지역이 있다는 이유로 이것을 거부했습니다. 그날 밤, 그가 개인적으로 기도하며 하나님께 이 문제를 내려놓았을 때, 성령께서는 그를 동남아시아에 있는 나라들로 이끄셨습니다. 그것은 매우 특별한 경험이었습니다. 그는 이 나라들을 한 눈에 내려다보았고, 자신도 알지 못하는 언어로 이들을 위해 중보하기 시작했습니다. 그는 그 말이 분명히 이들 중 어느 한 나라의 언어일 것이라고 생각했습니다. 성령의 역사를 통해 그 선교사협회는 편협주의에서 벗어났고, 인도네시아 선교사들을 캄보디아와 태국에 보내기 위해 준비하기 시작했습니다.[주25]

기도 모임에서 필수적인 것은 방언과 한 쌍인 방언 통역의 은사입니다. 누군가 방언으로 기도하고 찬송하는 동안, 한 사람은 보통 언어로 성령께서 보여 주신 것을 말합니다. 이것은 모든 기도자 모임에 새로운 활력을 줍니다. 통역의 은사를 통해서 모든 사람이 하나님의 임재를 경험하고, 성령께서 친히 말씀하시고 보여 주신 것들을 붙들며, 천국을 경험하게 됩니다. 과거에 종종 이런 일이 일어났던 것처럼 통역의 은사는 교회에 새 생명을 불어넣습니다.

속임수와 혼란이 늘어가는 시대에서 영분별의 은사는 필수적입니다. 우리에게 이 은사가 없거나, 혹은 이 은사를 지닌 지도자가 없는 교회에 소속되어 있다면, 거짓 가르침에 굴복하게 될 위험이 있습니다. 제자들을 향한 사랑과 염려에서 하신 예수님의 말씀은 이 은사와 특별한 관련이 있습니다.

"내가 너희를 고아와 같이 버려두지 아니하고 너희에게로 오리라."(요 14:18)

오늘날까지 예수님께서는 성령의 모습으로 우리에게 오셔서 우리가 거짓 가르침에 휘둘리지 않게 하십니다. 이 은사를 통해 우리는 어떻게 하나님의 사자와 거짓 선지자들을 분별하는지 알게 됩니다.

많은 이들이 '하나님', '죄', '회개', '은혜'와 같은 말들을 다른 사람들에 대한 애정 어린 배려심 없이 겉치레로 하는 경우가 많습니다.

"하나님께서는 대부분의 사람들에게 관심이 없으셔. 그렇기 때문에 네가 사람들에게 맞춰 줘야 해. 그게 바로 사랑이야."

심지어 그리스도인들 중에서도 성경에서 죄라고 말하는 동성애나 간통에 대해 관대히 용인해야 한다고 부추기는 사람들이 있습니다.

"그런 사람들은 나쁜 게 아니라 다를 뿐이야. 그들만의 특성을 존중해 줘야 해. 어쨌든, 예수님께서 죄를 다 사해 주셨잖아. 그러니까 죄는 더 이상 문제가 되지 않아. 죄책감을 가질 필요 없어."

진리를 깨닫지 못한 채, 수많은 무리가 이 논쟁에 속아 넘어가 잘못된 오류에 빠집니다.

그래서 우리에게 영분별의 은사가 필요한 것입니다. 우리가 하나님의 이름을 말하는 것을 막고, 십자가와 부활의 선포를 방해하며, 죄를 죄라고 부르는 것을 막는 모든 시도 뒤에 숨은 의도를 드러내야 합니다. 선동자는 사탄입니다. 그의 목표 중 하나는 죄가 자유롭게 통치하며, 죄에 대한 하나님의 진노를 사람들이 인식하지 못하게 하는 것입니다. 이런 문제에 대해서 더 이상 설교하지 않기 때문에 죄가 더 이상 죄로 여겨지지 않을 때, 사람들은 삶을 망치고 사탄의 지배를 받게 됩니다.

그리스도인들의 영적 의식이 이러한 악령의 속임수에 맞서 교회의 진정한 지도자와 사기꾼, 거짓 지도자, 사칭하는 자를 분별하기에 항상 충분한 것은 아닙니다. 우리는 특히 분별하기 어려운 속임수를 예언하는 마지막 때에 살고 있습니다. 오직 영분별의 은사만이 교회 안에 있는 거짓 지도자들을 폭로할 수 있습니다.

교회나 각종 기독교단체의 지도자들과 성도들 모두가 속임수에 넘어가기 쉽습니다. 항상 그랬던 것처럼, 영분별의 은사는 악용될 우려가 있습니다. 사탄과 그 수하들은 성령의 은사를 위조할 수 있습니다. 이것은 교회를 심각한 곤경에 빠뜨립니다. 오늘날까지도 삼위일체의 이름을 선포하며 병을 고치지만 실제로는 사탄적 주술의 결과인 경우가 있습니다. 방언 역시 이방 종교들 간에 알려져 있어서 사탄의 영향력 아래 있는 사람들이 사용하는 경우도 있습니다. 예지력이 계시와 지식의 말씀을 가장한 것이라면, 점술은 악마가 예언을 가장한 것입니다. 그렇기 때문에 교회는 이 말씀을 기준으로 모든 것을 시험해봐야 합니다.

"예수 그리스도께서 육체로 오신 것을 시인하는 영마다 하나님께 속한 것이요, 예수를 시인하지 아니하는 영마다 하나님께 속한 것이 아니니 이것이 곧 적그리스도의 영이니라. 오리라 한 말을 너희가 들었거니와 지금 벌써 세상에 있느니라." (요일 4:2-3)

요약하자면, 우리는 성경에 있는 확실한 지침을 따라 은사를 분별할 수 있습니다. 예를 들어 하나님의 예언은 성령의 모든 은사와 같이 성경의 증언과 일치하고 그것을 벗어나지 않습니다. 우리는 영적으로 타락한 요소들로부터 온 예언들에 대한 경계를 늦추지 말아야 합니다. 소위 '신(새로운) 계시'라고 불리는 것들은 이런 기준을 만족하지 못합니다. 겉으로는 종교적이고 신실하게 들릴지 몰라도, 단지 희망사항이나 지배욕에 불과한 경우가 많습니다. 그러한 '신 계시'를 내세우는 종파들은 최근 수십 년 사이에 세력을 확장해 왔습니다. 그러므로 우리는 성경의 가르침과 일치하고, 회개로 이끌며, 관계를 치유하고 삶을 변화시키는 모든 것을 진정한 예언으로 받아들일 수 있습니다. 그에 반해 악한 영으로부터 온 예언은 사람들을 분열시키며, 두렵게 만들고 안절부절 못하게 합니다. 그것들은 일관성이 없고 모순되며, 무의미한 구절이나 종말론적 이미지를 꾸며냅니다.

성령이 진정으로 우리 안에서 역사하실 때는 선정주의나 과잉반응, 히스테리나 악마의 영향력과는 전혀 관련이 없습니다. 신약시대에서처럼, 성령의 은사는 절제되고 질서 있게 사용되어야 합니다(고전 14:33, 40). 예수님께서는 "그들의 열매로 그들을 알리라"(마 7:20)라고 말씀하셨습니다. 성령의 다스림을 받는 성도는 삶에서 사랑과 겸손, 자발적인 섬김의 흔적이 나타납니다. 사탄의 영감은 거만한 태도로 이끕니다.

"범사에 헤아려 좋은 것을 취하고"(살전 5:21).

바울의 말은 현재에도 적용됩니다. 보통 그리스도인의 영적 통찰력으로는 성령의 은사와 육의 생각, 또는 악한 영으로부터 온 생각이 함께 섞여 경계가 모호한 경우에 분별하기 어렵습니다. 영 분별함의 은사가 없으면, 반대의 오류가 일어날 위험도 있습니다. 과거에 그런 일이 일어났던 것처럼, 진정한 성령의 은사가 악한 영으로부터 온 것으로 판명될 수도 있습니다.

예수님을 사랑하는 많은 사람들이 당대 가장 열성적이었던 사람들에게 이단으로 취급받았습니다. 그들은 자신이 성령과 그의 은사를 훼방하는 줄 깨닫지 못했습니다. 은사를 잘못 사용하는 경우를 밝히고, '진정한 은사를 지닌 사람을 분별해 그들을 사탄의 세력으로 잘못 규정하지 않기 위해서'[주26] 영 분별함의 은사가 반드시 필요합니다.

교회 안에서 벌어지는 모든 혼란과 문제, 영적 죽음 가운데서, 떡을 달라고 친구 집 문을 두드리며 강청하는 비유에 나오는 사람처럼 하나님께 계속 간청해야 합니다:

"오늘 주님의 교회에 성령의 은사, 특별히 이 시대에 절실히 필요한 영분별의 은사를 내려 주소서."

성령의 은사는
절제되고 질서 있게 사용되어야 합니다.
예수님께서는
"그들의 열매로 그들을 알리라"라고
말씀하셨습니다.
성령의 다스림을 받는 성도는
삶에서
사랑과
겸손,
자발적인 섬김의 흔적이
나타납니다.

8
간증

물러서지 않으리(No turning back)

하늘 아버지께서는 정복이 불가능해 보였던 땅을 우리에게 주셨습니다. 우리는 그 땅을 약속의 땅, '가나안'이라고 이름을 지었습니다.[주27] 그러나 그 땅은 약속의 땅처럼 보이지 않았습니다. 물이 없이 바짝 마른 먼지 덮인 모래땅이었기 때문입니다. 뜨거운 여름에는 풀밭 곳곳이 누렇게 변했고, 야채밭도 바싹 말라버려서 비옥하고 풍성한 결실의 증거는 어디서도 찾아볼 수 없었습니다.

우리는 샘, 아니 우물이라도 얻기 위해 간절히 기도했습니다. 우리가 전문가에게 물었을 때 "지질학적으로, 라인 강 평야는 물을 얻기가 가장 어려운 지역 중의 하나입니다."고 말했습니다. 그러나 믿음의 은사를 통해, 우리는 하나님께서 기적적으로 물을 주실 것이라는 강력한 확신을 갖게 되었습니다.

'하나님께서는 이 땅을 푸르고 풍성하게 만들어 주실 것이다.'

그러나 여전히 아무런 일도 일어나지 않았고, 우리는 계속해서 기도했습니다. 그러면서 우리는 기도의 응답이 내적 조건과 연결되어 있다는 것을 깨달았습니다. 그래서 우리가 바라는 한 가지는 새로운 회개를 경험하는 것이 되었습니다.

'회개의 눈물이 없는 심령과 물이 흐르지 않는 땅은 연관성이 없는가?'

오랜 시간이 흘렀습니다. 가나안을 조경하고, 호수 바닥을 포장했습니다. 마을에서는 조약돌을 제공했고, 한 회사에서 시멘트를 기증했습니다. 우리가 일하는 곳은 그늘이 없어서 태양이 맹렬히 내리쬐었습니다. 땅 전체가 물에 목말라 있었습니다. 몇 주 동안 비가 한 방울도 내리지 않았습니다. 우리가 호수 바닥을 포장하는 모습을 관심 있게 지켜보던 사람들은 어디서 물을 가져오느냐고 물었습니다.

우리를 도와주던 믿음의 은사도 사라져서, 우리 자매들은 이 무의미한 대규모 공사를 현 시점에서 중단하자고 했습니다. 우리 대부분은 이 공사를 다시 시작하지 않을 작정이었습니다. 그러나 믿음 안에서 뒤로 물러서는 것은 존재하지 않습니다. 문제가 닥쳤을 때 도망가는 것은 믿음이 아닙니다.

여리고성을 돌았던 이스라엘 백성들처럼, 우리가 하루에도 몇 번씩 믿음과 승리의 찬양을 부르며 굴착 작업장 주위를 행진했을 때 일하는 사람들이 어떻게 생각했는지는 모르겠습니다. 그러나 지역수도 회사 담당자가 가나안의 감사 축제에서 수백 명의 동역자들에게 이렇게 말했습니다.

"이 땅에서 물이 나온 것은 기적이 아닙니다. 땅을 충분히 깊게 파기만 한다면, 언젠가는 반드시 지하수를 얻을 것입니다. 나는 백 번도 넘게 이 지역에서 수도 공사를 감독했습니다. 그런데 이곳의 수량은 다른 수원보다 20배에서 25배 정도 많습니다. 이것이 바로 기적입니다!"

우리 샘에서 나온 그 물은 이제 시내처럼 흘러 호

수를 가득 채웠습니다. 가뭄 때는 이 호수에서 물을 끌어 전 지역에 공급했습니다. 가나안은 약속의 땅일 뿐만 아니라 푸르고 번성하는 비옥한 땅이 되었습니다. 마치 이곳이 아직 '사막'이었을 때 믿음으로 보았던 모습처럼 말입니다.

아니타 자매(Sister Anita)

회전 무대(The Revolving Stage)

마더 마튜리아는 가정과 공동체 생활에서 불가피하게 의견 충돌이 일어났을 때, 생소하지만 확실히 증명된 해결책을 우리와 자주 나누셨습니다.

그것은 효과가 있었습니다. 누군가와 사이가 안 좋아지거나 다른 사람들의 단점이 계속 생각날 때마다 나는 성령님께 내 회전무대를 다시 돌려달라고 부탁했고, 그 분은 매번 그렇게 하셨습니다. 그리고 나면 그 배우(결점을 지닌 상대편)는 갑자기 눈에서 사라지고,

나는 나의 결점에 주목할 수 있었습니다. 이렇게 성령께서 장면을 전환해 주시자, 모든 관점이 바뀌게 되었습니다. 갑자기 내가 주된 죄인이 되고, 무대에서 사라진 상대는 더 이상 문제가 되지 않았습니다. 나 자신이야말로 많은 용서가 필요했기 때문에, 이제 다른 사람을 용서하는 일이 더 이상 어렵지 않았습니다.

나 스스로를 비춰 보고, 어디서부터 잘못했는지 보며 내 눈 속의 들보를 보게 될 때마다, 이 방법은 온전한 해결책이 되었습니다. 우리가 그분에게 묻고 그렇게 하실 때까지 기다린다면, 성령께서는 이 일을 계속 행하실 것입니다. 몇 시간이고 기도해야 한다 해도 말입니다.

로렌시아 자매(Sister Laurentia)

예배

어느 날, 예배를 위한 소규모의 합창단이 결성되

었습니다. 천사들은 언제나 우리 기도의 향로가 채워지길 원하기 때문에 아마 기뻐했을 것입니다. 그 그릇이 다 차면 하나님께 드립니다. 그런데 정작 그 합창단은 매우 실망스러울 따름이었습니다. 우리의 노래는 성령의 기름 부으심과 열정이 부족했습니다. 불행히도, 개선하기엔 역부족이었습니다. 결국 그 합창단은 해체되었습니다. 두 번째, 세 번째 팀도 시도했지만, 결과는 똑같았습니다.

무엇보다도 우리는 하나님께 예배하기 위한 전용 예배당을 짓는 중이었습니다. 그러나 합창단이 실패했는데 어떻게 이 목표를 이룰 수 있겠습니까. 이보다 더 절망적일 수는 없었습니다. 회개가 부족해서인지, 우리는 하나님께서 말씀하려고 하시는 것을 듣고 싶지 않았습니다. 우리는 상황을 탓했습니다. 우리는 전문가도 아니고, 발성 훈련도 못 받았으며, 연습할 시간도 부족하다 등등. 예배당이 완공되기 전, 첫 번째 기념행사가 열렸을 때, 우리는 형편없는 음향 시설을 탓했습니다.

성령이 아니었다면, 이야기는 거기서 끝났을 것입니다. 우리는 그 분이 필요했고, 예수님께서는 성령을 받기 위해 기도하라고 하셨습니다. 그러나 예배의 영이 우리 마음에 채워지기 전에, 그 분은 회개의 영으로 오셔서 예수님과 하나님 아버지에 대한 우리의 부족한 사랑을 책망하셨습니다. 진정한 경배는 회개에서 비롯됩니다.

그 시점에서 예수님의 약속이 놀랍게 성취되었습니다.

"…하물며 너희 하늘 아버지께서 구하는 자에게 성령을 주시지 않겠느냐."(눅 11:13)

크리스마스에 성령님께서는 예배의 돌파구를 마련해 주셨습니다. 전에는 느끼지 못했던 놀라운 경외감에 휩싸였습니다. 하나님의 아들이 육신의 몸으로 오셔서 구유에 누이신 모습 자체가 기적이었습니다. 그 예배로 인해 찬양이 풍성해졌을 뿐 아니라 종교 연극과 각종 행사가 활발히 일어났습니다. 우리가 실패할 때 불쌍히 여기신 성령님께서 우리를 통해 많은 사람들을 예배의 자리로 인도하셨습니다.

베아테 자매(Sister Beate)

광야를 돌아서

'다른 사람들과 함께 입회식에 참석하지 못한다 해도 여전히 나를 사랑할 거니?'

갑자기 이런 질문이 떠올랐습니다. 나는 마리아 자매회에서 생활하게 될 다른 두 자매들과 함께 기차를 타고 다름슈타트로 가는 중이었습니다. 입회식은 공동체에서 환영의 뜻으로 옷과 새 이름을 수여하는 행사인데, 대개 몇 달 뒤에 열리곤 했습니다.

주님께서 너무 가까이 계셔서 나는 온 맘을 다해 그럴 것이라고 대답했습니다. 몇 주가 훌쩍 지났습니다. 나는 이 비밀을 혼자만 간직하고 있었습니다. 주님께서 기차 안에서 나에게 말씀하실 것이라고 상상이나 했겠습니까?

주님이 말씀하신 대로 모든 일이 진행되었고, 나는 입회식에서 빠져 있었습니다. 나는 각오가 되어 있었습니다. 하늘이 무너지는 것 같았지만, 주님께서 그렇게 하셨다는 걸 알고 있었습니다. 뒤늦게 나는 당시에 내가 얼마나 미성숙했는지 돌아보며 이 결정이 지혜로웠다는 것을 깨달았습니다.

나는 지금 광야를 지나는 중입니다. 성령께서는 예수님이 세례 받으신 후 광야로 이끄셨습니다. 바울은 부활하신 예수님을 만난 후 아라비아로 들어갔습니다. 그리고 전도자 빌립은 광야길로 가도록 지시를 받았습니다. 광야 생활이 놀라움으로 다가올 수는 있지만, 새로울 것은 없습니다.

"네 하나님 여호와께서 이 사십 년 동안에 네게 광야 길을 걷게 하신 것을 기억하라. 이는 너를 낮추시며 너를 시험하사 네 마음이 어떠한지 그 명령을 지키는지 지키지 않는지 알려 하심이라."(신 8:2)

겉으로는 하나님께 모든 것을 다 드린 것처럼 보였습니다. 고통스럽게도, 내가 자신을 세리와 비교하며 우쭐했던 바리새인과 같았다는 사실을 깨닫게 되었습니다.

"하나님, 내가 다른 십대들과 같지 않음을 감사합니다. 저는 밤샘 파티에 가지 않고, 마약도 하지 않고, 성경을 읽으며 교회에 다닙니다."

점점 더 깊이 성령님께서는 내 자신을 돌아보도록 광야로 이끄셨습니다. 자만, 야망, 청년시절의 열정으로 주님께 진심어린 예배를 드리고 헌신하는 체 할 수 있습니다. 오직 광야만이 우리 육신의 본성을 굶어 죽게 할 것입니다. 우리는 광야에서 '불뱀'을 만납니다(신 8:15). 나는 성령께서 내 영혼(하나님께 반응하는 우리의 한 부분)을 단단히 감고 있는 뱀의 모습을 보여 주신 것을 지금도 기억합니다. 자기애는 내 영적 생활을 숨 막히게 하고 있었습니다.

광야에서 우리는 온갖 잡념에서 벗어나 하나님의 음성을 더 잘 듣게 됩니다. 미래가 매우 절망적으로 보였을 때 성령께서 내게 분명하게 말씀하신 기억이 납니다.

"너는 매일 가나안을 건너고 있단다. 그 곳은 걸음걸음마다 믿음으로 정복된 땅이지. 너는 믿음으로 정복한 나무에서 자란 열매를 먹고, 믿음으로 정복한 물을 마신단다. 믿음으로 정복한 것들을 볼 수 있고, 냄새 맡고, 손으로 만질 수 있지. 나를 믿지 않을래?"

이후 몇 달 동안 나는 말 그대로 믿음으로 걷는 법을 배웠습니다. 내가 머무르고 있던 가나안의 한쪽 끝에서부터 반대쪽 끝에 있는 나의 일터까지 걸으면서 그 땅을 소유하기 시작했습니다. 아브라함처럼 바랄 수 없는 중에 바라며, 매일 그 분께 성경에 나온 그 분의 약속을 상기시켜 드렸습니다(롬 4:18).

나중에 알고 보니, 나는 오래 기다릴 필요가 없었습니다. 다섯 달 뒤에 새로운 자매들 그룹이 시작됐고, 나도 그 중에 있었습니다. 그것은 인생에 관한 수업이었습니다. 예수님을 섬기고 싶다는 마음이 들기도 전에, 예수님께서 먼저 오셨습니다. 성령님이 기차 안에서 미리 경고해 주신 것에 대해 어떻게 감사드려야 할지 모르겠습니다. 가장 놀라운 것은, 광야로 돌아가는 길이 나에게 하나님의 마음을 알게 해 주었고, 나는 무슨 일이 있어도 이것을 놓치지 않았을 것입니다. 성령은 궁극적으로 우리에게 복을 주시기 위해서 우리를 광야로 인도하십니다.

"이는 다 너를 낮추시며 너를 시험하사 마침내 네게 복을 주려 하심이었느니라."(신 8:16)

아나스타샤 자매(Sister Anastasia)

은사(Charisma)-선물

우리와 함께 지내던 한 유대인 친구가 이삭을 하나님께 바치는 아브라함을 그린 조각상을 찍은 사진을 선물로 받았습니다. 예술가인 그는 그 사진을 이스라엘의 예술인 모임 친구들에게 가져가 누가 만든 작품인지 맞추어 보라고 했습니다. 작가의 신원은 모르지만, 훌륭한 장인의 작품임에 틀림없다는 의견에 모두들 동의했습니다. 그의 편지를 읽으면서 나는 미소 짓지 않을 수 없었습니다. 훌륭한 장인의 작품과 성령의 기름부음을 받은 죄인의 작품이 그 정도로 비슷할 수 있다는 것을 몰랐습니다.

나는 유명한 전문 예술가가 되리라 마음먹은 야심 있는 미대생이었습니다. 그런데 그때 예수님께서 내 인생을 붙드셔서 기독교마리아자매회로 부르셨고, 성령님은 그 곳에서 나를 만져 주시기 시작하셨습니다. 그때부터 내가 쌓은 경력은 급속도로 내리막길로 접어들었습니다. 다른 분야의 사역에 몸을 담은 지 몇 년이 지나서 미술을 다시 시작하지 않겠냐는 제안을 받았습니다. 그러나 어떤 작품도 성공적이지 못했습니다. 그나마 가장 반응이 좋았던 작품도 칭찬받을 정도는 아니었습니다. 나는 새로운 작품을 시도할 모든 용기를 잃었습니다.

언젠가 마더 마튜리아와 함께 가나안을 거닐던 때를 기억합니다. 당시 모래언덕은 아직 정리되지 않아 엉망이었습니다. 마더 마튜리아는 '예수 고난의 뜰'을 어떻게 배치할 것인지 구상한 내용을 내게 설명해 주셨습니다. 이쪽 모퉁이에는 판에 새긴 조각상을 놓고, 저쪽에는 석조상과 부활절 모자이크를 놓을 생각이셨습니다. 그런데 내 안에 있는 것이라곤 절망뿐이었습니다. 내가 만들었던 작품들은 분명 성령님이 하신 것이 아니었습니다.

그런데 내가 기도의 정원을 설계해야만 하는 순간이 왔고, 뭔가 획기적인 것이 필요했습니다. '난 못해!'라고 말하는 대신, 갈보리를 오르시며 고난당하신 예수님의 모습이 마음속에 떠올랐습니다. 하나님의 영께서 바른 형태와 구조를 찾을 수 있도록 도와주신 덕분에 내가 마음속으로 본 모습을 재현해 낼 수 있었습니다. 나는 '은사'라는 말의 뜻을 발견했습니다. 문자 그대로 주신 것을 받는다는 뜻입니다. 정원의 조각상이 현대인의 기호에 맞춘 것이 아닌데도 불구하고, 많은 사람에게 감동을 줄 수 있었던 이유는 이 때문일 것입니다.

오늘날, 예루살렘을 비롯해 해외지부에 있는 기도의 정원에 놓인 그리스도의 고난을 묘사한 조각상들을 생각할 때, 나는 경외감에 휩싸이면서 겸손해집니다. 그 작품이 내가 한 것이 아니라는 것을 잘 알기 때문입니다. 그분의 은사를 부어 주시기 전에 우리 능력의 한계점에 도달하게 하시는 성령님께 감사를 드린다!

미리아 자매(Sister Myrrhia)

조언자이자 위로자이신 성령님

1946과 1947년 추운 겨울, 나는 체코 국경 근처에 있는 바이에른 마을에서 루터교 목회자 가정을 돕고 있었습니다. 도움이 필요한 난민들에게 미국의 루터교 교회에서 보내 온 밀가루 등의 음식물과 옷을 공급해 주는 사역이었습니다.

어느 날, 30대 중반 쯤 되어 보이는 슬픈 얼굴을 한 마른 여성이 문을 두드렸습니다. 그녀는 우리 주소가 쓰인 종이쪽지를 들고 있었습니다. 내가 이해한 것은 그녀가 발트 해에 있는 나라에서 왔다는 것이 전부였습니다. 나는 그녀를 지하 저장실로 데려가서 밀가루 한 봉지와 따뜻한 옷가지 몇 개를 건네주었습니다.

그녀는 미소조차 짓지 않았고, 나는 그녀가 더 많은 물건이 필요하다는 것을 깨달았습니다. 불안해진 그녀는 다급하게 자신의 모국어로 말하기 시작했습니다. 그래서 나는 그녀를 응접실로 데려와 함께 소파 앞에 무릎을 꿇었습니다. 그 곳에서 기도 중에 그녀는 마음을 쏟아놓았습니다. 나는 그녀를 어떻게 도와야 할지 몰라 그저 방언기도를 드렸습니다. 그런데 그녀의 반응이 놀라웠습니다. 다시 한 번 내가 모르는 말을 마구 쏟아내기 시작했는데, 이번에는 목소리에 경쾌한 가락이 실려 있었습니다. 슬픔이 물러가고, 불안이 사라졌습니다. 그녀는 나를 껴안더니 기쁘게 갈 길을 떠났습니다.

오래지 않아, 나는 무슨 일이 일어났는지 분명히 깨닫게 되었습니다. 방언의 은사를 통해 성령께서 그녀에게 그녀의 모국어로 말씀하신 것이 분명했습니다. 상담자와 위로자로서 그녀의 가장 깊은 필요를 돌보시면서 말입니다.

몇 년 뒤, 비슷한 경험을 한 여성을 만났습니다. 그녀와 그녀의 남편은 많은 어려움에 직면한 목회자를 만나서 기도하곤 했습니다. 한 번은 그녀가 소리 내어 방언으로 기도하는데, 그녀가 좀처럼 사용하지 않았던 방언이었습니다. 그 목회자가 물었습니다.

"혹시 헬라어 성경을 공부하셨어요?"

"아니요."

그녀가 대답했습니다.

"그렇군요. 방금 헬라어로 신약성경을 말씀하셨거든요. 그래서 이제 제가 무엇을 해야 하는지 알았어요."

"이와 같이 성령도 우리의 연약함을 도우시나니 우리는 마땅히 기도할 바를 알지 못하나 오직 성령이 말할 수 없는 탄식으로 우리를 위하여 친히 간구하시느니라."(롬 8:26)

오일랄리아 자매(Sister Eulalia)

흑암을 밝히신 주님

나는 마리아자매회에 입회한지 일 년쯤 되었을 때, 많은 내적 싸움을 하고 있었습니다. 전에 일하던 직장에서 나는 매우 영리하다고 인정받았었습니다. 그런데 지금, 하나님의 학교에서 다른 종류의 훈련을 받고 있었습니다.

'하나님께서 무언가를 사용하기 원하실 때는, 먼저 아무것도 아닌 것으로 낮추신다.'

많은 사람들이 그런 암흑의 시기를 겪어 보았을 것입니다. 나는 확신이 없고 낙심한 상태였습니다.

어느 조용한 주일 아침, 나는 빈 예배당에 들어가 성가대석에서 무릎을 꿇고 기도했습니다. 나는 거기서 기도하는 것을 좋아했습니다. 어둑어둑해서 잘 보이지는 않는 십자가상을 가까스로 올려다보았을 때, 영적 마비 상태에서 벗어나고 싶다는 열망이 간절해졌습니다.

그 날 아침 주님께서 주신 말씀이 이루어졌다.

"주께서 나의 등불을 켜심이여, 여호와 내 하나님이 내 흑암을 밝히시리이다."(시 18:28)

나도 모르는 사이에 알지 못하는 말과 멜로디로 찬양을 시작했습니다. 내 의지로 한 것은 아무것도 없었습니다. 마치 나는 그저 듣고만 있는 것 같았습니다. 나는 거의 한 시간 동안 쉬지 않고 찬양했고, 이 찬양에 모든 기도-찬양, 감사, 간구와 중보가 들어 있음을 느꼈습니다. 매우 무기력했던 내가 할 수 있는 것보다 훨씬 더 많은 것을 포함하고 있었고, 내 마음의 한계를 벗어나는 기도였습니다.

또 한 번 내가 나의 영적 빈곤과 갈급함을 느꼈을 때, 성령께서 내게 더 많은 축복-통역의 은사를 내려 주셨습니다. 교제 시간에 여러 자매들이 방언으로 기도하고 찬양을 하는데, 갑자기 내가 그들이 말하는 요지를 이해한다는 걸 발견했습니다. 성령님께 순종하는 마음으로, 내가 이해한 내용을 전하기 시작했습니다. 다른 자매의 통역과 일치한다는 것을 알고 나니 용기가 생겼습니다. 가끔씩 영적으로 침체된 기분으로 모임에 갔을 때, 내가 듣고 해석한 기도가 나에게도 새 기쁨과 자극을 가져다줍니다. 이후 큐티 시간에 계속해서 이것을 묵상하면서 내가 마음으로 기도할 수 있다는 것을 깨달았습니다.

은사들을 주신 성령님께 정말 감사드립니다. 우

리는 예배 시간에 은사들을 사용하면서 복을 받고 새 활력을 얻습니다.

살로메 자매(Sister Salome)

말기 환자 간병실에서

"말기 환자 간병실에 와 주실래요?"
마리아자매회 캐나다 지사에서 가까운 양로원에 있는 한 간호사가 전화를 걸어왔습니다.
"여기에 곧 죽을지도 모르는 사람이 있어요."
"그런데 저는 목회자가 아닌데요."
"목사님께서 당신의 이름과 전화번호를 남기셨어요."
그 순간 성령께서 재촉하시는 느낌을 받았습니다.
'가라.'
"좋아요, 언제 가면 될까요?"
"가능하시다면, 당장 와 주세요."

말기 환자 간병실에 한 할머니가 가슴에 팔짱을 낀 채로 누워 계셨습니다. 한 손은 심하게 다친 상태였습니다.

'전에 어디선가 뵌 적이 있는 것 같은데?'

곧 생각이 났습니다.

14년 전, 캘거리에서 프랑크푸르트로 가는 비행기 안에서 우리는 서로 옆 자리에 앉았습니다. 그 분은 친척을 만나러 가신다고 하셨습니다. 2차 대전 후에 우크라이나에서 망명하여 독일인 가정에서 사는 삶이 쉽지 않았던 모양입니다. 그녀의 형제자매들은 러시아, 동유럽, 독일로 흩어졌습니다. 그녀는 남편과 함께 캐나다로 이민을 왔습니다. 농사를 짓다 사고로 세 손가락을 잃었다고 했습니다. 그녀의 이름도 기억이 났습니다.

죽어가는 그녀에게 다가가면서 무릎을 꿇고 기도해야겠다는 생각이 들었고, 그녀의 세례명을 부르며 독일어로 말했습니다.

"저를 기억하세요? 14년 전에 프랑크푸르트로 가는 비행기에서 만났었는데."

그녀는 고개를 끄덕였습니다. 모르핀을 투여했는데도, 내 말을 알아들을 수 있을 만큼 정신이 깨어 있는

듯 했습니다.

나는 할머니에게 영어로 말하고 있는 딸에게 말했습니다.

"제 생각에는 어머님께서 젊을 때 쓰셨던 말(독일어)로 이야기하는 게 도움이 될 것 같아요."

나는 계속해서 그녀에게 독일어로 이야기했습니다.

"예수님께서는 우리 마음을 다 알고 계세요. 그분의 피로 우리 모든 죄가 사함을 받았고, 우리는 모든 것을 주님께 가져갈 수 있어요. 요한복음 14장에서 말씀하신 것처럼, 그분은 우리의 거처를 마련하러 가셨답니다."

"우리 어머니께서 항상 그 말씀을 하시곤 했어요."

할머니가 대답했습니다.

대화를 나누면서 나는 성령의 인도하심을 느꼈습니다. 마지막으로 나는 독일어 성경을 가져다가 시편 23장을 읽어드렸고, 떠나기 전에 할머니를 위해 기도했습니다.

그 다음 주에 나는 마을을 떠나 있었고, 나중에 메시지를 받았습니다.

"자매님이 어머니를 만나고 가신 다음 날, 어머니

가 돌아가셨어요. 그런데 자매님이 방문하신 뒤로 정말 평안해지셨답니다."

성령님께서는 그 방문을 처음부터 끝까지 세심하게 계획하셨습니다. 평소에 이루어지는 양로원 사역과 달리, 내가 유창한 독어로 말했기 때문입니다. 성령님께서는 아무도 몰랐던 사실 또한 알고 계셨습니다. 내가 그 죽어가는 할머니와 만난 적이 있고, 그녀의 이야기를 알고 있다는 사실입니다. 나는 단지 그녀에게 가장 도움이 필요했을 때 성령님의 대리인 역할을 했을 뿐입니다.

고르디아 자매(Sister Gordia)

자유

오랫동안 나는 누가복음 13장에 등장하는 허리가 굽은 여인 같았습니다.

"열여덟 해 동안 사탄에게 매인 바 된 이 아브라

함의 딸을 안식일에 이 매임에서 푸는 것이 합당하지 아니하냐."

성령이 아니었다면 내가 얼마나 더 오랫동안 정서적 불구자로 살아야 했을지 아무도 모를 것입니다.

나는 그 당시에 일반적이었던 결손가정에서 자랐고, 여기저기 이사를 많이 다녔습니다. 겉으로 강한 척하는 것은 불안감을 해결하는 한 방법이었습니다. 다른 사람들 앞에서는 절대 울지 않았습니다. 눈물은 약골들이나 흘리는 거라고 생각했기 때문입니다. 두려움을 보이는 것도 위험했습니다. 두려움도 사람을 약하게 만듭니다. 그리스도인이 되기 전까지 나는 문을 열지 않았습니다. 실제로 내가 사람들 앞에서 처음으로 운 것은 성령님께서 주님을 슬프시게 하는 죄를 알게 하셨을 때였습니다. 믿는 사람들 앞에서는 내 진짜 감정을 보여 줘도 안전하다는 느낌이 들었습니다.

그러나 내가 마리아자매회의 일원이 되었을 때, 그 과정은 한참 남아 있었습니다. 오랫동안 눌려 있던 거절에 대한 두려움이 결국 나를 지배했습니다. 경쟁 심리가 발동해, 나는 무의식적으로 내 가치를 증명해 보여야겠다는 생각에 쫓겼습니다. 그렇지 않으면 나를 받아 주지 않을 것이라는 생각 때문이었습니다. 해결되지 않은 과거의 상처가 결국 내 발목을 잡아 공들여 쌓은 겉모습도 인생 중반에 무너져버렸습니다. 어떤 것이든 그런 위기를 촉발할 수 있었습니다. 내 경우에는 가까운 사람을 잃고 그로 인해 상황이 변했던 것이 그 원인이었습니다. 안타깝게도, 나는 공포에 사로잡힌 죄수였습니다. 사소한 의견 차이도 나를 공황상태로 몰아가기에 충분했습니다. 갈등에 대한 두려움은 왜곡되어 부풀려졌습니다. 더 나쁜 것은, 그것이 일상적인 의사결정에 영향을 미쳐, 심각할 정도로 주변 사람들이 인내심의 한계를 느꼈다는 것입니다. 나는 '형편없는 내 모습'의 소용돌이에 갇혀 있었습니다.

인생의 밑바닥에서 나는 필사적인 마음으로 성경을 폈고, 이사야서부터 매일 읽기 시작했습니다. 성령님께서 나와 만나 주셨고, 나에게서 찬송이 나오게 하셨습니다. 눈을 들어 천지 만물을 지으신 분을 바라보고, 그분의 얼굴을 구하는 것은 명령이었습니다. 싸움이 멈추고 예배가 시작되었다. 나를 치료하시는 주님 안에서 해방감을 맛보고 정체성을 찾았습니다. 이제는 최고가 되기를 바라기보다, 성령님께서 우리 가운데서 새 능력을 주시며 새롭게 역사하실 때 자매들에게 나타나는 은사를 보며 기뻐하는 내 자신을 발견하게 됩니다. 마침내, 내가 하나님의 사랑받는 자녀임을 깨닫고, 참된 나를 회복하는 자유를 누리게 된 것입니다. "주의 영이 계신 곳에는 자유가 있느니라."(고후 3:17)

마리아자매회의 한 자매

'나는 눈이 아니야' (고전 12:16)

어렸을 때부터 나는 가난하고 소외당하고 무시당하는 사람들에게 특히 마음이 갔습니다. 그런 환경에서 자란 아이들의 이야기는 나의 상상력을 자극하고, 다른 사람들을 도와주고 싶은 갈망을 느끼게 했습니다.

나는 십대 시절에 청년부에서 활동했는데, 그 중 시창과 합창에 굉장한 은사가 있는 여학생들이 몇 명 있었습니다. 그 학생들은 사람들 앞에서 말하는 것도 잘했습니다. 나는 조용한 학생이었습니다. 음악적인 재능도 없었고, 내 자신을 표현하는 것도 서툴렀습니다. 나는 압도당했고, 열등감을 느꼈습니다.

어느 날 내가 이 문제로 씨름하고 있었는데, 우리 그룹의 리더가 나를 부르더니 내 열등감 뒤에 숨겨진 자만과 감사할 줄 모르는 마음을 지적했습니다. 나에게는 회개가 필요했습니다.

"각각 은사를 받은 대로 하나님의 여러 가지 은혜를 맡은 선한 청지기 같이 서로 봉사하라."

그 분은 베드로전서 4장 10절 말씀을 인용하면서, 내가 성령으로부터 완전히 다른 은사를 받은 사실을 알고 있는지 물으셨습니다. 나는 언제나 재능이 부족한 여학생들과는 금세 친해졌습니다. 타고난 재능과 교육의 차이 때문에 그 아이들과 다른 사람들 사이에 격차가 있는데, 내가 그것을 이어줄 수 있었습니다. 성령께서는 내게 쉽게 소외감을 느낄 수 있는 사람들을 향한 사랑의 마음을 주셨습니다. 나는 항상 그들에게 자신감을 주었습니다.

나중에 내가 직장에 다닐 때, 한 동료가 이렇게 말했습니다.

"곧 당신 방문에 '쓰레기통'이라고 적힌 쪽지가 붙겠는데요?"

망명자이거나 문제가 있는 직장 동료들은 속마음을 털어놓기 위해 내 사무실로 오곤 했습니다.

마리아자매회에서 나는 요양소나 여성 수감소에 방문하는 사역을 맡았습니다. 나는 이것이 성령의 은사라는 것을 항상 기억하고 있습니다. 내가 진정으로 성령님을 섬기고, 성령께서 나를 통해 일하시기 위해서는 이 은사가 매일 단련되어야 합니다. 그때 이후로 나는 더 이상 나보다 중요해 보이는 사람을 부러워하지 않습니다.

"또 귀가 이르되 나는 눈이 아니니 몸에 붙지 아니하였다 할지라도 이로써 몸에 붙지 아니한 것이 아니니"(고전 12:16)

스테파나 자매(Sister Stephana)

고침을 받다!

나는 세 살 때 심한 고열을 앓아서 병원에 가야 했던 적이 있었습니다. 마침내 의사가 원인을 알아내어 전문의를 불렀을 때는 이미 늦은 상태였습니다. 그는 신장 질병이라고 진단을 내렸고 가망이 없다며 포기했습니다. 수술을 하기엔 내가 너무 어리고 약했기 때문입니다. 우리 부모님은 나를 집으로 데려가셨고, 나에게는 이미 죽음의 그림자가 드리워 있었습니다.

바로 그 때 지역의 한 목회자가 우리 집에 찾아오셨습니다. 그분은 교회에서 목회를 하고 계신다고 하셨습니다. 그 교회의 복음전도자는 안수 기도를 통해 치유의 은사를 받았고, 그의 믿음의 기도로 많은 사람들이 고침을 받았다는 이야기를 전하셨습니다.

곧 우리 부모님께서는 나를 싸서 차에 태우고, 그 전도자에게로 데려가셨습니다. 그 분이 손을 얹고 간절히 기도해 주신 그 순간부터 나는 회복되기 시작했습니다. 열이 완전히 내렸고, 식욕을 되찾더니 며칠 후 완전히 회복되었습니다.

부모님께서는 나를 그 전문의에게 다시 데려가셨습니다. 그 분은 자신의 눈을 믿지 못하면서 무슨 일이 일어났는지 이해하지 못했습니다. 방사선과 여러 검사 결과, 모두 음성으로 판명되었습니다. 결국 설명할 수 없는 일시적인 차도로 결론을 내렸고, 앞으로 신장병이 재발되기 쉬울 거라고 했습니다. 그러나 지금까지 내 신장에 어떤 문제도 없었습니다.

내 병이 회복될 당시, 부모님께서는 나를 전적으로 하나님께 바치겠다고 서원하셨습니다. 그래서 하나님께서 계속 나를 붙들어 주셨고, 기독교마리아자매회의 일원으로 부르신 것이 아닌가 싶습니다. 이 사실로 인해 하나님께 깊이 감사드립니다.

세실리아 자매(Sister Cecilia)

꿈을 통해 보여 주시다

어느 날 마리아자매회 호주지부로 긴급한 전화가 걸려왔습니다. 샐리(가명)는 우리 사무실에서 몇 달간 지냈으면 좋겠다고 간곡히 요청했습니다. 샐리는 5년 전에 이곳을 방문한 적이 있었습니다. 워낙 쾌활한 성격이라 우리도 그녀와 지내는 것을 좋아했지만, 의사소통이 문제였습니다. 서로 말이 달랐고, 그녀는 영어를 거의 할 줄 몰랐습니다. 우리는 호주의 겨울이 너무 추워서 힘들 것이라며 설득하려 했습니다. 그러나 그녀는 좀처럼 굽히지 않았습니다. 그녀는 오고 싶어했고, 지금 와야만 했습니다.

그녀가 도착했을 때, 우리는 그녀를 거의 알아볼 수 없었습니다. 생기발랄했던 모습은 온 데 간 데 없었다. 너무 빨리 나이를 먹은 듯 보였습니다. 그녀는 6주 동안 잠을 못 잤고, 거의 아무 것도 먹지 못했다고 했습니다. 무슨 문제가 있는 걸까? 무언가 그녀를 몹시 괴롭게 하고 있음이 틀림없었습니다.

그녀는 이교도 집안에서 자랐고, 그녀가 기독교인이 되었을 때 아무도 그녀에게 옛 종교와 우상숭배 하는 것을 그만두어야 한다고 말해 주지 않았습니다. 그녀는 절실하게 도움을 원했고, 그녀가 떠올릴 수 있는 모든 것들을 버리고 죄를 사함 받았습니다. 그날 밤, 6주 만에 처음으로 그녀는 잠을 잘 수 있었습니다.

우리는 곧 영적 전쟁이 시작되었다는 것을 깨달았습니다. 그녀는 단순히 고통을 받는 것이 아니었습니다. 사실상 학대당하고 있었습니다. 우리는 더 많이 기도했습니다. 그녀는 구제 사역을 하고 있었습니다. 여전히 문제는 해결되지 않았고, 언어의 장벽은 작은 문제가 아니었습니다. 날마다 우리는 성령님께 도움을 구했습니다.

어느 날 밤, 시모네 자매가 꿈을 꾸었습니다. 매우 짧은 꿈이었고, 그 꿈이 무슨 의미인지 알 수 없었지만, 떨쳐버릴 수가 없었습니다. 다음에 우리가 샐리와 기도할 때, 시모네 자매가 자신의 꿈을 이야기해 주었습니다. 그녀는 은그릇에 담긴 무언가를 젓고 있는 손을 보았다고 했습니다. 샐리는 눈이 커지더니, 깜짝 놀라 소리쳤습니다.

"그거 우리 아빠가 하시는 일이예요!"

그녀가 자란 문화에서는 부모님에 대해 어떤 부정적인 말도 해서는 안 되었습니다. 그러나 성령께서 이제 그것을 보여 주셨고, 그것을 우리와 나눌 수 있는 자유를 갖게 되었습니다. 그녀의 아버지는 무당이었고, 흑주술에 연루되어 있었습니다. 그녀는 자식 중에 유일한 기독교인이었고, 아버지는 그런 그녀가 몹시 못마땅했습니다. 그래서 샐리가 예수님을 부인하게 만들어 다시 영적 어둠의 세계로 돌아오게 하리라 굳게 마음먹었습니다.

그 상황에 해결의 실마리를 주신 성령님께 찬양을 드립니다! 아직도 샐리는 오랜 영적 전쟁 중이지만, 이제 전선이 거의 끝나가고 있고, 매번 구제사역을 나갈 때마다 더 많은 자유함을 누리게 되었습니다. 그 분의 자녀들을 자유롭게 하시고, 그들의 삶이 주님의 영광을 나타내는 증거가 되게 하시는 우리 주 예수님의 놀라운 능력을 인하여 감사하지 않을 수 없습니다. 이제 샐리는 예수님을 위해 살고 있습니다. 그녀의 가장 깊은 소망은 다른 사람들도 예수님을 주님이자 구세주이며 모든 어둠의 권세를 이기신 승리자로 영접하는 것입니다.

기디오나 자매(Sister Gideona)

요리의 은사

우리의 기도제목은 유태인 대학살 생존자들을 위해 예루살렘에 세워진 거처인 벤 아브라함에 머무는 유대교 손님들이 말 그대로 주님의 선하심을 맛보는 것이었습니다. 벤 아브라함에서 섬기도록 부르심을 받았을 때, 나는 음식을 준비하는 업무를 맡게 되었습니다. 나는 걱정이 되었습니다. 집에서는 우리 어머니가 모든 요리를 다 하셨습니다. 나는 시도해 봤지만, 그다지 성공적이지 않았습니다. 문제 중 하나는 고기를 사용하지 않고 다양한 요리를 제공해야 하는 것이었습니다. 또 다른 문제는 언어였습니다. 언어에 은사가 없어서 절대 히브리어를 능숙하게 구사할 수 없었습니다. 자매 중 한 명이 나에게 요리법을 독어로 적어주곤 했습니다. 그렇지만 내가 포장물에 쓰여 있는 히브리어 상표와 설명을 읽어야 할 때마다 그녀를 부를 수는 없는 노릇이었습니다.

어느 밤, 그날따라 마음이 낙심되어 개인 방에서 하나님께 울부짖었습니다.

"하나님, 제발 저 좀 도와주세요. 저는 요리를 전혀 할 줄 모릅니다. 하나님도 아시다시피 이건 저를 위해서가 아니라, 이곳에 오시는 손님들이 주님의 사랑을 맛보도록 하기 위한 것이지 않습니까?"

그날 밤 나는 아델하이드 자매가 마더하우스로 돌아오는 꿈을 꾸었습니다. 그녀는 농부의 딸로, 가나안에 있는 게스트 하우스를 효율적으로 운영하고 있었습니다. 적은 재료로 빠른 시간 안에 왕의 만찬을 연상시키는 음식을 만들어 내는 요리의 천재였습니다. 꿈속에서 그녀는 독일 특별식인 슈트로이젤쿠헨(Streuselkuchen)을 만드는 방법을 차근차근 보여 주었습니다. 다음 날 아침, 나는 그녀가 가르쳐 준 방법을 따라했습니다. 독일인 유대교 손님들이 머무르던 중이었습니다. 그들은 그 음식을 맛있어했습니다! 내가 만든 케이크 중에서 처음으로 성공적이었습니다.

그 작은 사건은 큰 힘이 되었습니다. 실패의 장소였던 부엌이 이제 하나님의 기적의 장소가 되었습니다. 매일 아침마다, 주님께 그 날 하루를 맡기고 성령님께 나를 인도해 달라고 부탁합니다. 마음속에서 주님이 이렇게 말씀하시는 것을 들었습니다.

"이 병을 잡아라. 이것을 조금 넣고 저것을 저어라."

나는 여전히 상표를 읽지 못하고 각종 양념과 향신료에 익숙하지 않습니다. 그러나 내 선생님이신 성령님과 함께라면 어찌 잘못될 수 있으랴!

가끔씩 손님들이 부엌에 들어와 설거지를 도와주실 때면 나는 매우 당황했습니다. 여러 가지 언어에 능통한 그들은 나에게 몇 개 국어를 하냐고 꼭 묻곤 했습니다.

"독일어밖에 못해요."

나는 그렇게 대답하며 인정할 수밖에 없었습니

다. 지금은 손님들이 들어오시면 이렇게 묻습니다.

"음식이 정말 맛있어요. 요리법 좀 적어 주실 수 있으세요?"

그리고 그때마다 나는 이렇게 대답한다.

"죄송하지만, 저도 정말 모릅니다. 전 오직 기도로 음식을 만들거든요."

미하엘라 자매(Sister Michaela)

반지

'반지. 그 반지를 어떻게 해야 해.'

엄마가 말기 암이라는 소식을 듣고 그 생각이 머릿속에서 떠나질 않았습니다. 성령님께서 나에게 말씀하시는 것이 분명했습니다.

"그냥 달라고 하는 게 어때요?"

고향에 있는 한 기독교인 지도자가 제안했습니다.

"반지?"

엄마는 머뭇거렸습니다.

"그건 매우 특별한 반지야. 너도 알잖아."

원래 그 반지는 귀신을 믿는 할아버지의 두 번째 부인의 것이었습니다. 그들이 주술에 관여하게 되면서 그것이 엄마에게도 영향을 미쳤습니다. 십대였던 엄마는 영매로 사용되었습니다.

엄마는 마지못해 나에게 반지를 건넸습니다.

"사실은, 네 조카에게 주려고 했단다. 그 반지는 남자에게 물려주어야 하거든. 네 오빠가 관심이 없으니, 그 아들한테 주려고 했었지."

그 순간 엄마는 흥분하기 시작했습니다. 시누이에 대한 욕설이 쏟아졌습니다. 이런 일은 옛날부터 자주 있었고, 그 원인도 알았습니다. 내가 화장실 문 앞에서 방언으로 찬양하자, 엄마는 흥분해서 맹비난을 퍼부었습니다.

"그만 좀 해, 그만!"

한번은 방언으로 조용히 속삭이며 기도하고 있었는데, 엄마가 나를 노려보며 말했습니다.

"지금 뭐하는 거니?"

두 번 다 우리 엄마의 반응이 아니라, 영혼을 조종하는 원수의 소행임을 알았습니다. 사탄은 그리스도인들이 방언으로 말하는 것을 견디지 못합니다. 십자가 위에서 어둠의 권세를 물리치신 예수님의 승리가 선포되기 때문입니다.

반지 사건에서도 그랬습니다. 승리가 주님께로 돌아갔기 때문에, 악마는 마구 욕을 하며 화를 냈습니다. 그 반지는 젊고 연약한 후대에게 대물림되지 않을 것입니다.

나의 방문은 특별한 성찬식과 동시에 일어났습니다. 다니엘서 9장에 나오는 것처럼, 내가 조상들의 죄를 고백했을 때 죄의 사슬이 끊어졌음을 믿습니다.

"너희가 알거니와 너희 조상이 물려 준 헛된 행실에서 대속함을 받은 것은 은이나 금 같이 없어질 것으로 된 것이 아니요 오직 흠 없고 점 없는 어린 양 같은 그리스도의 보배로운 피로 된 것이니라."(벧전 1:18-19)

그 반지를 처분한 지 며칠 지나지 않아서, 엄마에게 변화가 나타났습니다. 심지어 어린 조카도 알아차렸습니다.

"할머니가 변했어요. 이제는 다정한 할머니가 됐어요."

그 반지는 말도 안 되는 미신이라며 일축해 버렸

던 수학자인 우리 오빠는 나중에 어머니의 계속된 변화에 대해 말했습니다. 다시는 자기 부인에게 욕을 하지 않는다는 것입니다. 분노가 폭발하는 일도 없었습니다. 어머니에게서 무언가가 걷힌 것 같았습니다.

나는 호스피스 목사님이 우리 가족에게 하신 말씀을 통해 최종적으로 확인할 수 있었습니다.

"어머니가 돌아가시기 전에, 그녀를 위해 기도해 주겠다는 내 제안을 받아들였다는 것을 알고 싶어 할 것 같아서요."

기독교에 대한 오랜 적대감이 사라졌습니다. 몇 십 년 동안, 어머니께서 복음에 대해 들었던 것은 무엇이든, 미신적 관례와 점성술에 묻히곤 했었습니다. 이제 어머니는 우리 영혼의 목자이자 수호자이신 분께 돌아가셨습니다. 오직 빛과 은혜를 주시기 위해 '깊고 은밀한 일을 나타내시는'(단 2:22) 성령님께 감사할 따름입니다.

마리아자매회의 한 자매

학기말 리포트

성령님에 관한 리포트. "안 될 게 뭐 있어요?"가 교수님의 제안에 대한 내 반응이었습니다. 초자연적인 이 증거를 연구하는 일은 매우 흥미로울 것입니다. 동양의 신비주의는 사람의 정신에 대해 이야기합니다. 그러나 성령은? 뉴에이지에 대해 연구했던 나는 성령에 관해서는 아무것도 아는 게 없었습니다.

"만약 누군가 관심이 있다면 말이지."

교수님은 계속해서 말씀하셨습니다.

"내 치과의사와 연락을 해 보게. 그 분이 성령에 대해 더 자세히 말씀해 주실 걸세."

시도해 볼 만한 가치가 있었습니다. 한 번도 인정한 적은 없었지만, 나는 뉴에이지의 가르침이 별로 만족스럽지 않았습니다. 모든 사람이 신이라면, 모든 사람이 자신만의 도덕적인 기준을 세울 수 있을 것입니다. 그러나 이 이념이 잘 와 닿지 않았습니다. 행복은 여전히 나를 피해 다녔습니다.

예상했던 대로, 그 치과 의사가 말한 것은 하나도

이해가 되지 않았지만, 그가 동양의 신비주의의 기원인 악령과 성령은 뚜렷한 차이가 있다는 말에 내가 반대한 것은 기억이 납니다. 떠나기 전, 그와 그의 아내는 나와 함께 기도해도 되겠는지 물어보았습니다. 그들이 기도하는 동안, 이전에 전혀 경험할 수 없었던 강력한 사랑의 감정을 느꼈습니다. 사막같이 메마른 내 영혼에 강물이 흘러들어왔습니다.

이 생명수를 잠깐 맛보고 나니, 계속해서 그들 부부와 그들의 친구들을 만나러 오게 되었습니다. 저마다 성령님을 직접 체험한 이야기를 나누었습니다. 회복된 결혼생활. 우울증의 치유. 불치병이 치료된 일. 그들은 성령님이 어떤 힘이라기보다 마치 자신들의 친구인 것처럼 자연스럽게 말했습니다. 그리고 그들은 모두 인간의 모습으로 온 예수를 하나님의 아들이라고 불렀습니다. 물론 그것도 나는 받아들일 수 없었습니다. 나에게 예수는 그저 깨달음을 얻은 한 인간일 뿐이었습니다.

그러는 동안 성령에 관한 리포트 마감 기간이 가까워졌습니다. 나는 성경책을 포함해 그 주제와 관련되어 찾을 수 있는 모든 책들을 세세하게 읽었지만, 머리에 들어오는 것은 없었습니다. 나는 자포자기 했습니다. 자료 내용을 이해하지 못하는데, 어떻게 리포트를 쓸 수 있겠는가? 나는 매일 공부방에서, 백지 상태인 내 메모장을 응시하기만 했습니다.

내 안에서 하나님을 진짜로 알고 싶다는 절규가 나왔습니다. 학기가 끝나기 직전의 어느 날, 나는 공부방에서 하나님의 강한 임재를 느낌과 동시에 우리를 분리시키는 거대한 장벽이 있음을 느꼈습니다. 예수님의 신성을 부정하는 모든 논쟁이 내 뇌리를 스쳤습니다. 그때 동양 신비주의의 기원에 대한 발언이 기억났고, 나를 하나님께 가까이 가지 못하게 하는 장애물이 있었다는 것을 깨달았습니다. 나는 기도했습니다.

"예수님, 만약 당신이 진정한 하나님의 아들이라면, 지금 여기에서 알게 해 주세요. 그리고 내가 지금까지 사실이라고 생각했던 모든 것들이 사실이 아니라면, 모두 버리겠습니다."

예수님께서는 나의 모든 것을 그분께 기꺼이 드릴 수 있는지 물으셨습니다. 내가 그러겠다고 대답하자, 마치 두 손으로 커튼을 잡아 찢는 느낌이 들었고, 예수님께서는 나를 두 팔로 안아 주셨습니다. 그 분의 사랑과 용서가 내 마음 속에 넘쳐흘렀습니다. 나는 이 세상에서 가장 행복한 사람이었습니다. 내가 하나님의 자녀라는 확신을 가지게 되었고, 성령의 선물을 받았습니다. 놀랍게도, 이제 성경이 이해가 되었습니다. 나는 다시 성령에 관한 리포트를 쓰기 시작했고, 성령께서는 나를 붙드시고 내 삶을 송두리째 바꾸셨습니다.

아가페 자매(Sister Agape)

하나님의 음성 듣기

마리아자매회 호주 지부에서는 다사다난하고, 예상치 못한 일이 자주 일어납니다. 많은 요청이 들어오기 때문에 주님께서 우리에게 하라고 하시는 것이 무엇인지 알기 위해서는 특별히 성령에 민감해야 합니다.

어느 날 한 친구가 전화해서 분유를 먹고 자란 어린 양을 5주 동안만 돌봐 줄 수 있는지 물었습니다. 그 가엾은 고아는 주인이 없는 동안 보살핌이 필요했습니다. 그는 마지막으로 우리에게 전화한 것이었습니다. 나는 처음에 조용하면서도 단호하게 거절했습니다. 그런데 놀랍게도 시모네 자매는 나의 걱정과 달리 이렇게 말했습니다.

"당연히 그 양을 받아줄 겁니다. 그 일은 폴에게 적격이에요."

폴(가명)은 우리와 함께 지내는 젊은이들 중 한 명입니다. 문화적 차이와 언어차이가 있는 데다 수줍음이 많은 성격이었습니다. 비록 사람들과 어울리는 데는 어려움이 있었지만, 동물들은 잘 돌보았습니다.

그 후 몇 주간, 폴은 헌신적으로 그 양을 돌봐 주었습니다. 그가 먹이를 주러 올 때면 양은 '매애' 하고 열렬히 울며 반겼습니다. 양과 저녁산책까지 하며, 폴도 자신의 새 임무를 즐기는 모습이었습니다. 데리고 다닐 필요가 없었습니다. 그 어린양은 폴이 어디를 가든지 따라다녔습니다. 한가로이 거니는 둘의 모습은 익숙한 풍경이 되었습니다.

폴은 눈에 띄게 변하고 있었습니다. 자신감을 얻었고, 수줍음을 극복하며 다른 사람들과 대화하는 법을 배웠습니다. 무엇보다도 그는 예수님께 반응했습니다. 그 양이 주인에게로 돌아가고 나서 얼마 뒤, 폴은 청년 모임에 참석했고, 예수님을 마음에 모셨습니다.

만약 시모네 자매가 조용한 성령의 목소리에 민감

하지 않았다면, 하나님이 이 청년의 삶에 행하려고 하셨던 일을 우리가 놓쳤을 지도 모를 일입니다.

패트리샤 자매(Sister Patricia)

비밀의 발견

나는 어머니가 내 방에 책 한 권을 던져놓고 간 날을 절대 잊을 수 없습니다. 책은 바로 내 발 앞에 떨어졌습니다. 어머니가 하신 말씀은 이게 전부였습니다.

"이 책 꼭 읽어 봐."

제목은?『당신은 결코 같은 수 없을 것이다.』(You Will Never Be The Same.)

나는 그 책을 집어 들어 대강 훑어보고는 읽지 않기로 결심했습니다.

'45가지 죄 목록과 영적 처방전이라고? 너무 극단적이군!'

나는 생각했습니다.

'만약 이 책이 사실이라면, 천국은 텅텅 비게 될 걸? 모든 사람은 죄가 가득하니까.'

몇 주 뒤, 어머니께서는 마리아자매에서 열리는 수양회에 함께 가지 않겠냐고 물으셨습니다.

"이 사람들이 그 책을 쓴 사람들이예요?"

"응."

"그럼 안 갈래요."

그러나 어찌된 영문인지, 나는 수양회 참석자 중 맨 앞줄에 앉아 이 책을 쓴 사람이 누구인지 면밀히 살펴보고 있었습니다. 내가 예상했던 것과 달리, 이 사람들이 우울해 보이지 않는다는 사실이 매우 흥미로웠습니다. 사실, 나는 맨 앞줄에 앉는 것이 좋아지기 시작했습니다. 나에게는 없는 진정한 기쁨이 그들에게 있다는 것을 감지했습니다. 그들의 비밀이 무엇인지 궁금해지면서 나의 비판은 곧 부러움으로 바뀌었습니다.

'죄를 다룬 그 모든 장을 읽고도 어떻게 저렇게 행복해 할 수 있지?'

반면에 나의 내면은 완전히 비참했습니다. 나는 학교를 세 번 옮기며, 5년간의 대학생활을 막 끝마친 상태였습니다. 나는 그 어디서도 룸메이트와 잘 지낼 수 없었습니다. 성격이 변덕스럽고 매우 거만했습니다.

첫 번째 학교에서는, 초콜릿을 하나도 건드리지 말라고 말한 애한테 초콜릿 상자를 던져버렸습니다. 단지 째깍거리는 소리가 너무 시끄럽다는 이유로 룸메이트의 알람시계를 망가뜨린 적도 있습니다. 이런 나의 행동 때문에 총장님과의 특별 대화 요청이 왔습니다. 나는 거절했고, 학교를 옮겼습니다.

두 번째 학교에서도 내 행동 때문에 교무행정실로부터 비슷한 질책을 받았습니다. 그래서 또 학교를 떠났습니다.

세 번째 학교에서는 아파트를 빌려서 지냈고, 가까스로 졸업을 했습니다. 모든 시험을 통과했지만, 나는 실패자라는 느낌을 지울 수 없었습니다. 나에겐 학위가 있었습니다. 그러나 다른 사람들과 잘 어울리지 못하는데 그게 무슨 소용이 있겠습니까? 그러고는 첫 직장에 들어갔습니다. 또 다시, 내 삶을 견딜 수 없게 만드는 것 같은 사람과 개인적인 갈등이 생겼고, 그래서 직장을 그만두었습니다.

이 수양회에서 나는 이 자매들의 삶에 대해 더 배우고 싶다는 깊은 욕구를 느꼈습니다. 그리고 뭔가 매우 급진적인 행동을 취하기로 결심했습니다. 애리조나

피닉스 사막에 있는 가나안에서 이들과 함께 지내기로 한 것입니다. 나는 어머니가 주신 그 책을 함께 가져갔습니다.

그러나 여기서도, 도망치고 싶은 유혹이 강했습니다. 성령께서 나의 일부가 된 겹겹이 쌓인 죄와 직면하게 하실 때, 나는 껍질이 벗겨져 나간 양파가 된 기분이었습니다. 나는 그 곳의 아름다운 사막 정원으로 나가 더 이상 도망가지 않겠다고 하나님과 약속했던 것을 기억합니다. 이 간단한 헌신의 행동이 나에게 머무를 수 있는 힘을 주었습니다. 내가 매우 싫어했던 그 책은 가장 사랑하는 동반자가 되었습니다. 고집과 성냄에 대해 다룬 장은 특별히 밑줄이 진하게 쳐 있습니다.

믿기지 않겠지만, 나는 마리아자매회와 함께 하라는 분명한 소명을 받았습니다. 룸메이트 한 명과도 살 수 없었던 내가 갑자기 다른 여러 자매들에게 에워싸여 지내게 되었습니다. 내가 찾던 행복의 비밀-참회-을 알게 하신 성령님께 찬송드립니다.

마더 바실레아가 쓴 또 다른 책, 『회개-기쁨으로 충만한 삶』(Repentance: The Joy-Filled Life)은 자매회의 일원인 나의 영적 생활 지침서가 되었습니다. 소중한 참회의 선물은 내게 잠잠히 거할 수 있는 힘을 주었고, 성령께서 내 안에서 역사하실 수 있게 해 주었습니다. 그 과정은 지금도 계속되고 있습니다.

네카마 자매(Sister Nechama)

부활절의 기쁨

상황에 관계없이 '성령 안에 있는 희락'(롬 14:17)을 경험하는 것은 불가능한가? 사도행전을 보면, 초대 기독교인들의 기쁨은 박해 가운데서도 빛을 발했습니다. 그러나 이런 기쁨을 보잘것없는 내 인생의 평범한 시험들 가운데서도 경험할 수 있는 것일까요?

어느 부활절이 내 마음 속에 지울 수 없는 기억으로 남아 있습니다. 자매회의 작은 지부에서 일주일 이상 머무르고 있던 한 그룹과 지내는 동안, 나는 부활절 만찬 준비로 매우 바빴습니다.

"우리 교회 갈 건데, 같이 가실래요?"

"먼저 가세요."

내가 말했습니다.

"저는 조금 있다 갈게요. 끝내야 할 게 좀 있어서요."

15분 후에 교회에 도착한 나는 거의 모든 자리가 차 있는 걸 보고 실망했습니다. 다만 앞쪽에 교회 가족들이 사회에 적응시키기 위해 입양한 아이 주변에 있는 한 자리가 눈에 띄었습니다. 마지못해 나는 그 아이 뒤에 있는 빈자리에 앉았습니다. 빨지 않은 옷과 몸에서 악취가 심하게 풍겼습니다.

그런데 내가 지금까지도 이해할 수 없는 일이 벌어졌습니다. 갑자기 신선한 바람이 느껴졌습니다. 나는 깊이 향기를 들이마셨습니다. 금방 기분이 상쾌해졌습니다. 예배 시간 내내, 나는 이 기분 좋은 향기에 둘러싸여 있었습니다. 나는 하나님의 임재에 너무 몰입된 나머지, 성찬식 하러 앞에 나가는 것도 잊어버려서 관리자가 내 어깨를 톡톡 두드려야 했습니다.

성령님은 불쾌한 상황도 천국의 것으로 변화시켜 주실 수 있는 분이십니다!

마리아자매회의 한 자매

성령께서 멈추셨습니다!

이따금씩 성령께서는 우리를 멈추게 하시며 길을 인도하십니다. 이것이 사도행전 16장 6-8절에서 바울과 그의 동역자들에게 일어난 일입니다. 그들은 첫 번째 지역으로, 또 다른 곳으로 가려고 했지만 예수의 영이 허락하지 않으셨습니다. 그 당시에는 분명히 당황스러웠을 그 일은 곧 더 큰 계획의 일부였음이 드러났습니다.

가나안에서 자주 설교하시는 로스(Roth) 목사님께서는 뉴기니에서 선교하실 때 비슷한 경험을 하셨습니다. 한 번은 그분이 백인이 한 명도 없는 마을에서 얄리 부족과 협상을 하고 계셨습니다. 통역관을 세워 말하면서 목사님은 다음날 다시 돌아오겠다고 약속하셨습니다. 그의 목적은 작은 정원을 마련할 땅을 사는 것이었습니다. 고원에 있는 그 땅은 활주로로 쓰기에 적합했습니다. 선교 사역과 의료 시설을 마련하는 데 이용할 예정이었습니다.

그날 밤 선교소로 돌아온 그는 부인으로부터 긴

급 메시지를 받았습니다. 부인은 혼자 외딴 정글 마을에서 어린 아들과 함께 지내고 있었습니다. 부인은 빨리 와 줄 수 있는지 물었습니다. 아기가 고열, 기침, 구토 증세를 보이며 심각하게 아프다는 것이었습니다. 로스 목사님은 진퇴양난의 상황에 빠졌습니다.

'얄리 부족은 어떡하지? 다음 날 다시 가겠다는 약속을 어긴다면, 그들의 신뢰를 잃지 않을까?'

그런데 기도를 하면서 그는 성령께서 분명하게 막으시는 것을 느꼈습니다. 그래서 모든 것을 주님께 위탁하고, 부인과 아기를 보러 떠났습니다. 의사에게 갈 수 있도록 선교사 비행기가 준비되어 있었고, 아기는 회복되었습니다.

앞이 보이지 않을 정도로 비가 내리는 바람에 로스 목사님이 활주로를 위한 땅을 구입하려고 했던 마을로 돌아가는 여정이 지연되었습니다. 며칠이 지나서야 마침내 돌아갈 수 있었습니다. 로스 목사의 방문이 지연됐음에도 불구하고, 얄리 부족은 수용적이었습니다.

만약 성령의 권유를 무시했다면 어떤 운명에 놓였을지 그는 거의 알지 못했습니다. 그 식인 종족은 그를 몰래 죽이려고 계획 중이었습니다. 매일 같이 그들은 키가 큰 풀밭에서 독이든 화살과 창을 가지고 기다렸습니다. 그가 계속 나타나지 않자, 분위기가 술렁거렸습니다. 협상에 호의적이던 부족장은 다른 사람들에게 이유를 설명했습니다.

"아마도 그 위대한 백인들의 신이 그 사람에게 마을로 돌아가는 것이 위험하다고 말해 준 것 같습니다."

그 부족은 불안해져서 마음을 바꾸었습니다.

"만약 그 백인이 우리 마을에 다시 돌아오면 다정하게 맞아줍시다."

성령께서 로스 목사님이 계획대로 마을에 돌아가는 것을 막지 않으셨다면, 목사님은 살아서 이 이야기를 전하지 못하셨을 것입니다. 하나님의 은혜로 로스 목사님은 죽음에서 벗어났고, 이 마을에 복음이 발을 들여놓을 수 있는 길이 열렸습니다. 이듬 해, 그 부족들 중에서 많은 수가 세례를 받았고, 1970년대에는 이 지역에 강력한 성령의 역사가 일어나게 되었습니다.

마리아자매회의 자매들

주

1. Detmar Scheunemann, The Ministries Of The Holy Spirit, Indonesian Missionary Fellowship, Malang, Indonesia, 1984, page 69, and David R. Brougham, The Work of the Holy Spirit in Church Growth as Seen in Selected Indonesian Case Studies (DMiss dissertation, Fuller Theological Seminary, 1988), page 181.
2. Friedrich Zundel, JOH, Christoph Blumhardt, Brunnen-Varlag, Giessen 1962, page 143.
3. Ralf Luther, Neutestamentliches Worterbuch, Furche-Verlag, Hamburg 1951, page 49.
4. Ibid, pages 50, 210.
5. Werner Meyer, Der Erste Brief An Die Korinther, 2. Teil,

Schweizerisches Biblewerk fur die Gemeinde, Zwingli-Verlag, Zurich, Page 117.

6. Ludwig Albrecht, Ubersetzung Des Neuen Testaments Mit Erlauterungen, commentary on 1 Corinthians 12:10.
7. Ralf Luther, page 211.
8. Ibid, page 50.
9. Joseph Brosch, Charismen Und Amter In Der Urkirche, Bonn, page 50.
10. Werner Meyer, pages 194-195.
11. Ibid, pages 195ff., 122.
12. Ibid, page 198.
13. Ibid, page 104.
14. Ibid, pages 124, 120, 125.
15. G. v. Bodelschwingh, F. v. Bodelschwingh – Ein Lebenbild, Bethel near Bielefeld, 1922, pages 278, 311.
16. Dr. and Mrs. Howard Taylor, Biography Of James Hudson Taylor, Centennial edition, 1965, London, China Inland Mission, Overseas Missionary Fellowship. pages 237, 288-290.
17. Adapted, Friedrich Zundel, pages 129-131.
18. Adapted, Joh. Warneck, D. Nommensen – Ein

Lebensbild, Verlag des Missionshauses Wuppertal-Barmen, 1943, page 38.
19. Friedrich Zundel, page 162.
20. Ralf Luther, page 211.
21. Adapted, Michael Harper, As At The Beginning: The Twentieth Century Pentecostal Revival, Hodder & Stoughton, London, 1965, pages 71-72.
22. Sadhu Sundar Singh, At The Master's Feet, translated from the Urdu by Rev. Arthur and Mrs. Parker, Fleming H. Revell Company, London and Edinburgh, 1922.
23. The Vision Of Sadhu Sundar Singh, Preface by Sundar Singh for the original publication of 1926.
24. Adapted, David Wilkerson, The Cross And The Switchblade, chapter 20.
25. As reported by Detmar Scheunemann.
26. O. S. v. Bibra, Der Name Jesus, Brockhaus-Verlag, Wuppertal, 1961, page 49.
27. See M. Basilea Schlink, Realities Of Faith.

성령께서는
내게 쉽게 소외감을 느낄 수 있는 사람들을 향한
사랑의 마음을 주셨습니다.
나는 항상 그들에게 자신감을 주었습니다.

내가 진정으로 성령님을 섬기고,
성령께서 나를 통해 일하시기 위해서는
이 은사는
매일 단련되어야 합니다.